1 Ernährung bei Arterienverkalkung und Infakt

Diese Empfehlungen bitte immer mit Ernährungsberater/in, Arzt oder Diätologen/in absprechen! Die Rezepte und Zutatenlisten unterstützen die medizinischen Therapien.

Die Kalorienangaben frischer Zutaten (Obst und Gemüse) und die Inhaltsstoffe schwanken je nach Qualität und Erntezeit. Die Inhalte wurden von einer Diätologin und einer Ernährungsberaterin für die Traditionelle Chinesische Medizin (TCM) geprüft.

Autor:
©2022 Josef Miligui
Liebe Leserinnen und Leser, ich wünsche Ihnen viel Erfolg und gutes Gelingen bei der Umstellung Ihrer Ernährung. Dieses Buch wurde aus eigener Erfahrung mit Krankheit und Ernährung geschrieben und ich habe schon immer das Zubereiten guter Speisen geschätzt. Wenn Sie nicht so geübt sind im Kochen, empfiehlt sich ein Kurs bei Ernährungsberatern oder Diätologen, die Ihnen die Grundlagen der Kochmethoden sowie die richtige Verarbeitung der Zutaten vermitteln können. Anhand der Lebensmittellisten aus diesem Buch können Sie weitere Rezepte entwickeln und entdecken.

Quelle:
Die Listen werden aus der EBNS-Datenbank für die Ernährungsberatung generiert. Die Datenbank wird von Ernährungsberater, Therapeuten und Ärzte für die Beratung der Patienten/Klienten verwendet und ermöglicht eine Kombination mehrerer Syndrome.

Literaturliste:
Wir haben die Unterlagen als Wissensbasis genutzt und an unsere Erfahrungen angepasst und ergänzt.
www.ebns.at

AF211456

Herstellung und Verlag:
BoD – Books on Demand, Norderstedt
ISBN: 9783837037968

DIÄTETIK - Stoffwechsel - Herz- und Kreislauf - Arteriosklerose (Arteriosklerose, Arterienverkalkung) und Infakt

(Buch: 044)

1 Ernährung bei Arterienverkalkung und Infakt 1
   1.1 Vorwort 4
   1.2 Beschreibung 7
   1.3 Therapiestrategie 7
   1.4 Vermeiden 8
2 Speiseplan 8
   2.1 Frühstück 8
   2.2 Jause 9
   2.3 Mittag 9
   2.4 Nachmittag 10
   2.5 Abend 10
3 Rezepte 12
   3.1 Andalusischer Fischtopf 12
   3.2 Antipasti 13
   3.3 Baby Grießbrei mit Traubenmus 14
   3.4 Baby Milchreis mit Beerensaft 14
   3.5 Bärlauch-Knödel 15
   3.6 Basmatireis + Zucchini-Tofupfanne 16
   3.7 Belugalinseneintopf mit Gemüse 17
   3.8 Blattsalat mit Frischkäse 18
   3.9 Blitzschnelle Zucchinisuppe 19
   3.10 Bohnenpasta pikant süß 19
   3.11 Brennnessel mit Mangold Suppe 20
   3.12 Brokkolicrèmesuppe 21
   3.13 Bulgur mit Tomaten und frischen Kräutern 22
   3.14 Bunte toskanische Bohnensuppe 22
   3.15 Buntes Reisgericht 23
   3.16 Champignonreis 24
   3.17 Chicoréesalat mit Orangen und Grapefruit 25
   3.18 Couscous-Salat 26
   3.19 Dicke Erbsensuppe für den Winter 27
   3.20 Dinkel mit Obst und Nüssen 27
   3.21 Erbsengericht 28
   3.22 Erfrischende Gurkensuppe mit Kartoffeln 29
   3.23 Exotisches Linsengericht 30
   3.24 Fein gewürzte Zucchini mit Tomaten 31
   3.25 Feiner russischer Borschtsch 32
   3.26 Fischsuppe mit Weißwein, Lorbeer und Majoran 33

3.27	Frischkäseersatz	34
3.28	Gegrillte Lachssteaks mit Blumenkohl und Kartoffeln	35
3.29	Gegrillter Tofu mit Reisnudeln, Spinat und Zuckerschoten	36
3.30	Gelbe Linsensuppe	37
3.31	Gemüse-Grieß-Suppe	38
3.32	Gemüsereis	39
3.33	Gemüsetopf mit Tofu und Curry auf Naturreis	40
3.34	Geröstete Hirse mit Stangensellerie	41
3.35	Gerstenbratlinge	42
3.36	Grießsuppe mit Gemüse	43
3.37	Grundrezept für eine Fischbrühe	44
3.38	Grundrezept für eine nahrhafte Gemüsebrühe	44
3.39	Grundrezept für eine Rinderbrühe (klar)	45
3.40	Gurkensalat	46
3.41	Gurkensuppe	47
3.42	Heilbutt mit Tomaten-Knoblauch-Soße	48
3.43	Herzhafter Polentabrei	49
3.44	Hirse mit Birnen	49
3.45	Humus	50
3.46	Karotten-Kartoffel-Rucola Brötchen	51
3.47	Kartoffel-Basilikumsuppe	52
3.48	Kartoffeln mit Bärlauch-Quark	53
3.49	Kartoffeln mit Löwenzahnsalat	54
3.50	Kohlrabi in Kerbelsoße mit Kartoffeln	54
3.51	Kompott aus Äpfeln	55
3.52	Kompott aus Heidelbeeren	56
3.53	Kürbiscurry	56
3.54	Kürbis-Joghurt-Suppe	57
3.55	Kürbissuppe	58
3.56	Linsen-Kastanien-Suppe mit Curry	59
3.57	Linsen-Reis-Eintopf	60
3.58	Misosuppe mit Tofu	60
3.59	Mungbohnen-Eintopf	61
3.60	Orientalische Reispfanne	62
3.61	Paprika-Tomatenreis	63
3.62	Pikante Avocadocreme mit Hüttenkäse	64
3.63	Quinoa pikant + Avocado	65
3.64	Reis mit gedämpftem Gemüse	65
3.65	Reisnudelsuppe mit Shiitakepilzen	66
3.66	Rosmarinkartoffeln	67
3.67	Rucolasalat mit Tomaten	67
3.68	Schwarzwurzel mit Joghurt	68
3.69	Sellerie-Kartoffel-Cremesuppe	69

3.70   Spargel-Kräuter-Ragout 70
3.71   Tee aus Grüntee.. 71
3.72   Tee aus Zimt... 71
4   Wirkung der Lebensmittel.. 72
4.1   Zutaten verwenden: empfehlenswert............................ 72
4.2   Zutaten verwenden: ja.. 73
4.3   Zutaten verwenden: wenig 77
4.4   Kontraindikativ wirkende Lebensmittel nicht verwenden 78
5   Komplementär 80
5.1   Dekokt (Abkochung).. 80
5.1.1   Ingwer frisch... 80
5.1.2   Löwenzahn Wurzel 80
5.2   Heilbad 81
5.2.1   Bad zur Entschlackung 81
5.3   Kapseln 81
5.3.1   Holunderschwamm, Chinesische Morchel, Mu Err........ 81
5.4   Komplementäre Anwendung... 81
5.4.1   Ayur Veda 81
5.4.2   Lichttherapie... 82
5.4.3   Tuina Massage 82
5.4.4   Vitamin D Präparate.. 82
5.4.5   Vitamin K2 Präparate...................................... 82
5.5   Öl für Massage 83
5.5.1   Arnika 83
5.6   Speisezugabe.. 83
5.6.1   Gelbwurz (Kurkuma) 83
5.7   Verschiedene Möglichkeiten 84
5.7.1   Bär-Lauch.. 84
5.7.2   Reishi 84
5.7.3   Salbei Wurzel 85
6   Grundlagen der Ernährung... 85
6.1   Ernährung.. 85
6.2   Rezepte 87
6.3   Lebensmittel 88
6.4   Kräuter... 89
7   Weitere Ernährungsvorschläge 90

1.1 Vorwort

Die Weltgesundheitsorganisation (WHO) davon spricht, dass bis zu 80% der Erkrankungen durch äußere Faktoren wie Ernährung, Lebensstil, Umweltgifte und dergleichen beeinflusst werden.

Welche Faktoren also jeder einzelne von uns aktiv beeinflussen kann und somit seine Chancen auf Erhöhung der allgemein Gesundheit erzielen kann, darum geht es auf den folgenden Seiten.

Der Fokus in diesem Buch liegt auf dem Faktor mit der größten Hebelwirkung - der Ernährung.
Schon Hippokrates hat einst gesagt "Lass die Nahrung deine Medizin sein und Medizin deine Nahrung!" Kräuterpädagog:innen heute sagen so: "Es gibt für jede Krankheit das richtige Kraut."

Egal wie wir es drehen und wenden, wir sind was wir essen (und was unser Essen gegessen hat). Der moderne Mensch sieht sich gerne isoliert von seiner Umwelt. Wir entstehen aus unserer Umwelt, wir leben inmitten von ihr und wenn wir sterben gehen wir wieder in unsere Umwelt über. Während wir leben essen wir das, was in unserer Umwelt wächst (oder in Fabriken chemisch erzeugt wird). Diese Nahrung liefert die Energie und Bausteine, für den eigenen Körper, für den Stoffwechsel, Zellerneuerung, den Hormonhaushalt und damit für unser gesamtes Sein, die Gesundheit und unser Empfinden.

Hier ein paar Grundbausteine, bevor in dem Buch noch näher auf Ernährungsfaktoren eingegangen wird, die sozusagen der kleinste gemeinsame Nenner der meisten Ernährungsphilosophien sind:

- Saisonalität
  - Winterpflanzen, wie zum Beispiel verschiedene Kohlgewächse, versorgen uns mit Unmengen von Vitamin C und Bitterstoffen. Zwei Faktoren, die unser Immunsystem bei der Abwehr von der Kälte und den typischen Infekten in der Winterzeit unterstützen.
  - Sommerpflanzen wie zum Beispiel Gurken, Tomaten aber auch Zitrusfrüchte kühlen unseren aufgeheizten Körper und versorgen uns mit viel Wasser.
  - Außerdem müssen bei saisonalen Pflanzen weniger chemische Helferlein eingesetzt werden, da die passenden Umweltfaktoren das Wachstum sowieso fördern.
- Regionalität
  - Damit einher geht auch der Faktor der Regionalität. Regionale pflanzliche Lebensmittel werden reif geerntet und haben somit alle Nährstoffe entwickeln können. Im

Gegensatz dazu wird Obst und Gemüse aus ferneren Ländern unreif geerntet und nur durch den Einsatz von chemischen Mitteln unnatürlich "nachgereift" - bzw. nur nach-gefärbt. Die Dichte der Nährstoffe und auch der Geschmack kann dabei niemals mit regionalen Lebensmitteln mithalten. (Sie haben es vielleicht schon selber erlebt, dass eine Südfrucht aus dem jeweiligen Ursprungsland dort im Urlaub viel süßer und vollmundiger schmeckt als die gleiche Frucht aus dem zentraleuropäischen Supermarkt).

- Pflanzenbasierte Ernährung
  - Ja, diese Basis teilen selbst die Anhänger der Fleischdiät mit den Veganern. Denn bei der Fleischdiät geht es auch um Fleisch von Tieren, die sich artgerecht, sprich von vielen Gräsern und Kräutern ernährt haben. Die Masse an Getreide in der heutigen Ernährung - egal ob bei Mensch oder Tier - entspricht nicht der natürlichen Ernährungsweise. Sie macht uns krank, dick und manche behaupten sogar dumm (das weist auf die Schädigung der neuronalen Netzwerke hin, die durch den Konsum von Kohlenhydraten passiert hin). Pflanzen im Sinne von Gemüse, Kräutern, Salaten, Sprossen, in geringen Mengen Obst, Nüsse, Samen, etc. liefern neben den viel beschriebenen Vitaminen und Mineralstoffen vor allem sekundäre Pflanzenstoffe, die herausragende Heilwirkung haben. So werden eine Vielzahl unserer Medikamente auf Basis der natürlich vorkommenden Pflanzenstoffe nachgebaut. Allerdings sind da diverse Säuren und andere Wirkstoffe extrahiert und wirken nur alleine - mit den Pflanzen selbst nehmen wir sie in einer reichhaltigen und sich gegenseitig verstärkenden Kombination vielerlei wirksamer Stoffe zu uns.

Ja zusätzlich zu diesen 3 großen Punkten gibt es immer noch sehr viel zu beachten. Ein optimales Verhältnis von Omega 3 zu Omega 6 Fettsäuren (empfohlen wird 1:3), eine individuell und situationsbedingte Eiweißversorgung und so weiter.

Eine ganz gute und einfache Richtlinie für die alltägliche Ernährung bietet der ideale Teller. Der sieht so aus, dass möglichst jede Mahlzeit zur Hälfte aus pflanzlichen Bestandteilen besteht, ein Viertel der Eiweißversorgung dient und ein Viertel die Mahlzeit durch gute Fette und eventuell Kohlenhydrate abrundet.

Die Feinjustierung rund um die Zubereitungsarten, die Zusammenstellungen und so weiter sehe ich als sehr individuell an. Es gibt meines Erachtens nicht die 1 perfekte Ernährung. Es gibt so viele großartige Philosophien und Studien, die alle wunderbare Heilungen berichten und sich dabei aber gegenseitig ausschließen. Was auf den ersten Blick vielleicht paradox wirkt, eröffnet bei näherer Betrachtung ganz viele Möglichkeiten des Probierens und neuer Chancen.

Neben der Ernährung werden noch folgende Faktoren genannt:
- die Giftstoffbelastung in unserer Umwelt sowie in Pflegeprodukten oder eben in der Ernährung
- eine Balance aus Aktivität, (kurzzeitigem) Stress und der Entspannung wie auch Schlaf
- Aufarbeitung der emotionalen Wunden aus der Vergangenheit und Steigerung der Resilienz
- Biologische Zahnheilkunde
- eine optimierte Versorgung durch Heilkräuter, Heilpilze udgl.
- Früherkennung durch bewährte und schonende Verfahren

1.2 Beschreibung

Stoffwechselstörung der Arterienwand mit Ablagerungen. Häufigste und schwerste Folgen arteriosklerotischer Gefäßveränderungen sind Infarkt und Schlaganfall.
Risikofaktoren erster Ordnung können für sich alleine die Entwicklung begünstigen: Hypercholesterinämie, Rauchen, Hypertonie
Risikofaktoren zweiter Ordnung wirken in Kombination mit einem oder mehreren anderen Faktoren: Stoffwechselstörungen: Diabetes mellitus, Hyperurikämie, Adipositas, Alter, Geschlecht, genetische Faktoren, Bewegungsmangel, westliche Lebensgewohnheiten, Alkohol, Stress-„high drive" (= Verhaltensmuster A - aggressiv, Geltungsdrang, extrovertiert) Ovulationshemmer.

1.3 Therapiestrategie

Blutfettwerte und Blutdruck in den Normbereich bringen.
Hypertonie behandeln.
Normalgewicht erreichen.
Hochwertiges Fett verwenden (Rapsöl, Olivenöl, Leinöl, Walnussöl).

Hochwertige Lebensmittel verwenden (Omega-3-Fettsäuren, Coenzym Q10, Vitaminen B und Vitamin C, frische Kräuter).
Bewegung und Entspannung.

1.4 Vermeiden

Übergewicht.
Tierisches Fett.

---

2 Speiseplan

Kkal. p. Portion

2.1 Frühstück

Bohnenpasta pikant süß 311,0
Bulgur mit Tomaten und frischen Kräutern 205,0
Bunte toskanische Bohnensuppe 249,0
Buntes Reisgericht 437,3
Champignonreis 410,0
Couscous-Salat 338,2
Dicke Erbsensuppe für den Winter 123,6
Dinkel mit Obst und Nüssen 289,7
Erbsengericht 406,0
Fein gewürzte Zucchini mit Tomaten 203,2
Frischkäseersatz 526,0
Gemüse-Grieß-Suppe 198,9
Gemüsereis 303,8
Geröstete Hirse mit Stangensellerie 400,1
Gerstenbratlinge 398,0
Grießsuppe mit Gemüse 105,5
Gurkensuppe 95,7
Herzhafter Polentabrei 262,0
Hirse mit Birnen 213,2
Humus 542,5
Kartoffel-Basilikumsuppe 95,6
Kohlrabi in Kerbelsoße mit Kartoffeln 187,7
Kompott aus Äpfeln 67,3
Kompott aus Heidelbeeren 49,0
Kürbis-Joghurt-Suppe 68,2
Misosuppe mit Tofu 51,0
Pikante Avocadocreme mit Hüttenkäse 613,8

Quinoa pikant + Avocado 561,0
Reisnudelsuppe mit Shiitakepilzen 65,5
Rosmarinkartoffeln 188,7
Rucolasalat mit Tomaten 129,0
Tee aus Grüntee 3,0
Tee aus Zimt 2,0

2.2 Jause

Karotten-Kartoffel-Rucola Brötchen 94,0

2.3 Mittag

Andalusischer Fischtopf 348,0
Antipasti 100,1
Baby Grießbrei mit Traubenmus 204,2
Baby Milchreis mit Beerensaft 135,5
Bärlauch-Knödel 906,0
Basmatireis + Zucchini-Tofupfanne 145,9
Belugalinseneintopf mit Gemüse 201,5
Blattsalat mit Frischkäse 802,0
Blitzschnelle Zucchinisuppe 41,9
Bohnenpasta pikant süß 311,0
Brennnessel mit Mangold Suppe 52,1
Brokkolicrèmesuppe 98,0
Bulgur mit Tomaten und frischen Kräutern 205,0
Bunte toskanische Bohnensuppe 249,0
Buntes Reisgericht 437,3
Champignonreis 410,0
Chicoréesalat mit Orangen und Grapefruit 236,0
Couscous-Salat 338,2
Dicke Erbsensuppe für den Winter 123,6
Erbsengericht 406,0
Erfrischende Gurkensuppe mit Kartoffeln 148,3
Exotisches Linsengericht 143,8
Fein gewürzte Zucchini mit Tomaten 203,2
Feiner russischer Borschtsch 171,7
Fischsuppe mit Weißwein, Lorbeer und Majoran 199,7
Frischkäseersatz 526,0
Gegrillte Lachssteaks mit Blumenkohl und Kartoffeln 329,8
Gegrillter Tofu mit Reisnudeln, Spinat und Zuckerschoten 327,3
Gelbe Linsensuppe 155,1
Gemüse-Grieß-Suppe 198,9
Gemüsereis 303,8

Gemüsetopf mit Tofu und Curry auf Naturreis............................ 162,0
Geröstete Hirse mit Stangensellerie............................... 400,1
Gerstenbratlinge 398,0
Grießsuppe mit Gemüse............................... 105,5
Gurkensalat 27,0
Gurkensuppe 95,7
Heilbutt mit Tomaten-Knoblauch-Soße 319,1
Herzhafter Polentabrei............................... 262,0
Hirse mit Birnen 213,2
Kartoffel-Basilikumsuppe............................... 95,6
Kartoffeln mit Bärlauch-Quark 254,3
Kartoffeln mit Löwenzahnsalat 162,1
Kohlrabi in Kerbelsoße mit Kartoffeln...................... 187,7
Kompott aus Äpfeln 67,3
Kompott aus Heidelbeeren 49,0
Kürbiscurry............................... 193,3
Kürbis-Joghurt-Suppe............................... 68,2
Kürbissuppe............................... 104,7
Linsen-Kastanien-Suppe mit Curry...................... 175,0
Linsen-Reis-Eintopf 232,0
Misosuppe mit Tofu 51,0
Mungbohnen-Eintopf 665,3
Orientalische Reispfanne............................... 303,1
Paprika-Tomatenreis 291,3
Pikante Avocadocreme mit Hüttenkäse...................... 613,8
Reis mit gedämpftem Gemüse 166,7
Reisnudelsuppe mit Shiitakepilzen...................... 65,5
Rosmarinkartoffeln............................... 188,7
Rucolasalat mit Tomaten 129,0
Schwarzwurzel mit Joghurt...................... 319,2
Sellerie-Kartoffel-Cremesuppe 112,9
Spargel-Kräuter-Ragout............................... 168,3
Tee aus Grüntee............................... 3,0
Tee aus Zimt............................... 2,0

2.4 Nachmittag

Humus............................... 542,5
Karotten-Kartoffel-Rucola Brötchen...................... 94,0

2.5 Abend

Andalusischer Fischtopf............................... 348,0
Baby Milchreis mit Beerensaft 135,5

Basmatireis + Zucchini-Tofupfanne 145,9
Belugalinseneintopf mit Gemüse 201,5
Blitzschnelle Zucchinisuppe...41,9
Brokkolicrèmesuppe 98,0
Chicoréesalat mit Orangen und Grapefruit.................................236,0
Dicke Erbsensuppe für den Winter..123,6
Erbsengericht...406,0
Erfrischende Gurkensuppe mit Kartoffeln....................................148,3
Exotisches Linsengericht 143,8
Fein gewürzte Zucchini mit Tomaten..203,2
Feiner russischer Borschtsch 171,7
Fischsuppe mit Weißwein, Lorbeer und Majoran 199,7
Gegrillte Lachssteaks mit Blumenkohl und Kartoffeln...................329,8
Gegrillter Tofu mit Reisnudeln, Spinat und Zuckerschoten 327,3
Gelbe Linsensuppe...155,1
Gemüse-Grieß-Suppe 198,9
Gemüsetopf mit Tofu und Curry auf Naturreis..............................162,0
Grießsuppe mit Gemüse..105,5
Heilbutt mit Tomaten-Knoblauch-Soße 319,1
Herzhafter Polentabrei..262,0
Hirse mit Birnen 213,2
Kartoffel-Basilikumsuppe 95,6
Kartoffeln mit Löwenzahnsalat 162,1
Kohlrabi in Kerbelsoße mit Kartoffeln 187,7
Kompott aus Äpfeln 67,3
Kompott aus Heidelbeeren 49,0
Kürbiscurry...193,3
Kürbis-Joghurt-Suppe 68,2
Kürbissuppe 104,7
Linsen-Kastanien-Suppe mit Curry...175,0
Linsen-Reis-Eintopf 232,0
Misosuppe mit Tofu 51,0
Orientalische Reispfanne...303,1
Paprika-Tomatenreis 291,3
Reis mit gedämpftem Gemüse 166,7
Reisnudelsuppe mit Shiitakepilzen...65,5
Rosmarinkartoffeln..188,7
Rucolasalat mit Tomaten 129,0
Schwarzwurzel mit Joghurt..319,2
Sellerie-Kartoffel-Cremesuppe 112,9
Spargel-Kräuter-Ragout...168,3
Tee aus Zimt...2,0

3 Rezepte

empfehlenswert = Sie können mehr verwenden
wenig = wenn möglich weniger verwenden
weniger als angegeben = möglichst nicht verwenden

3.1 Andalusischer Fischtopf

Stärkt Immunsystem, beugt Krebs vor, löst Stagnation, fördert
Gewichtsabnahme, regt Appetit an. Gut bei Abwehrschwäche,
Appetitlosigkeit, Blähungen, Bluthochdruck, Depressionen, Diabetes,
Durchfall.

Anzahl Portionen: 4
Kalorien p. Portion 348
Gramm p. Portion   355,05
Kochdauer ca.   30 Min.
Allergene: ADLO
(Kohlehydrat:71,39% / Eiweiß & Fett:28,61%)
100g.≈ Eiweiß 20,04g. Fett:6,52g.

Zutaten:
Grundrezept für eine Gemüsebrühe 500 ml. / 500g. (empfehlenswert)
Zwiebel Frühlingszwiebel 2 Stück / 40g. (ja)
Olivenöl 1 EL / 20g. (empfehlenswert)
Zitrone Schale 1/2 Stück / 3g. (ja)
Lorbeerblatt 1 Stück / 1g. (empfehlenswert)
Kartoffel 200 g / 200g. (empfehlenswert)
Kabeljau 300 g. / 300g. (ja)
Weißwein 4 EL / 80g. (ja)
Zitrone Saft 1/2 EL / 10g. (ja)
Salz 1 Prise / 1g. (wenig)
Pfeffer gemahlen 1 Prise / 0,2g. ()
Petersilie 1 EL / 15g. (empfehlenswert)
Weißbrot (Weizenbrot) 8 Scheiben / 250g. (wenig)

Kochanleitung:
Gemüsebrühe mit kleingeschnittenen Frühlingszwiebeln, Olivenöl,
abgeriebener Zitronenschale und Lorbeerblatt zum Kochen bringen und
zugedeckt 10 Min. kochen. Geschälte, kleingewürfelte Kartoffeln
zufügen und in ca. 8 Min. fast weich kochen. Fischstücke und Weißwein
zugeben und den Herd auf kleine Stufe schalten. In der leicht
kochenden Brühe den Fisch in wenigen Minuten gar ziehen lassen. Mit
Zitronensaft, Salz und Pfeffer abschmecken und mit Petersilie bestreut
servieren. Als Beilage Weißbrot dazu reichen.

3.2 Antipasti

Fördert Durchblutung, lindert Entzündungen und Schmerzen, harntreibend, senkt Blutdruck, antioxidativ, antibakteriell, regt Kreislauf an. Hilft bei: Appetitlosigkeit, Magen- und Verdauungsschwäche, Blähungen.

Anzahl Portionen: 3
Kalorien p. Portion 100
Gramm p. Portion 246,83
Kochdauer ca. 40 min.
(Kohlehydrat:53,79% / Eiweiß & Fett:46,21%)
100g.≈ Eiweiß 2,75g. Fett:5,61g.
µg. - Ph:7,93 Na:1,08 Ka:67,5 Mg:5,14 Ca:7,21 Fe:0,24 Zn:0,03 Col.:0 Hsr.:5,8

Zutaten:
Peperoni 1 Stück / 5g. (ja)
Zitrone Saft 1 EL / 10g. (ja)
Aubergine 1 Stück / 300g. (empfehlenswert)
Tomate 4 Stück / 200g. (empfehlenswert)
Zucchini 200 g. / 200g. (empfehlenswert)
Zitrone Schale 1/2 Stück / 3g. (ja)
Olivenöl 1 EL / 15g. (empfehlenswert)
Basilikum (frisch) 8 Blätter / 5g. (empfehlenswert)
Salz 1 Prise / 0,5g. (wenig)
Koriander 1/2 TL / 2g. (empfehlenswert)

Kochanleitung:
Peperoni im Ofen bei 250 Grad backen, bis die Schale dunkel wird (ca. 20 Min.). Die Peperoni abdecken und auskühlen lassen, häuten und in ca. 2 cm breite Streifen schneiden. Tomaten halbieren und gemeinsam mit den in Scheiben geschnittenen Auberginen mit Öl bestreichen und im Ofen bei 200 Grad goldbraun backen (ca. 10 Min.).
Zucchinischeiben in Grillpfanne (ohne Fett) anbraten. Alles zusammen anrichten, die Marinade aus Olivenöl, Salz und Zitronenschale mischen und über das Gemüse gießen. Mit Koriander bestreuen und 1 Std. ziehen lassen.

3.3 Baby Grießbrei mit Traubenmus

Schont die Verdauungsorgane, wirkt bei Appetitlosigkeit, Blähungen, Darmentzündungen. Stärkt Sehnen und Knochen, ist harntreibend, fördert Verdauung, leicht abführend.

Anzahl Portionen: 1
Kalorien p. Portion 204
Gramm p. Portion 245
Kochdauer ca. 10 Min.
Allergene: AG
(Kohlehydrat:71,01% / Eiweiß & Fett:28,99%)
100g.≈ Eiweiß 10,14g. Fett:3,54g.
µg. - Ph:87,84 Na:41,18 Ka:146,94 Mg:12,67 Ca:100,9 Fe:0,33 Zn:0,45 Col.:4,9
Hsr.:23,27

Zutaten:
Trauben weiß 5 Stück / 15g. (empfehlenswert)
Kuhmilch (1,5 % Fett) 200 ml. / 200g. (ja)
Weizen Gries - Kindergries 3 EL / 30g. (ja)

Kochanleitung:
Die Trauben waschen, halbieren, die Schale abziehen und die Kerne entfernen. Das Fruchtfleisch fein hacken, den Saft dabei auffangen. Die Hälfte der Milch erhitzen, den Grieß (nicht Vollkorn) dazugeben, aufkochen lassen und bei schwacher Hitze unter Rühren in etwa 3 Min. ausquellen lassen. Den Topf von der Kochstelle nehmen, nach und nach die restliche Milch unterschlagen, den Brei in ein Schälchen füllen und das Traubenmark darüber geben. Den Grießbrei können Sie mit Obstmus oder -säften leicht süßen.

3.4 Baby Milchreis mit Beerensaft

Führt leicht ab, stärkt Nieren und Blase, stärkt Sehkraft und Muskeln, gegen chronische Verstopfung, harntreibend, erwärmt den Körper von innen, erweitert die Gefäße, reguliert Innenorganfunktionen.

Anzahl Portionen: 1
Kalorien p. Portion 136
Gramm p. Portion 240
Kochdauer ca. 25 Min.
Allergene: G
(Kohlehydrat:62,07% / Eiweiß & Fett:37,93%)
100g.≈ Eiweiß 7,94g. Fett:3,54g.
µg. - Ph:98,33 Na:42,21 Ka:152,5 Mg:20,29 Ca:105,96 Fe:0,32 Zn:0,46 Col.:5 Hsr.:7,83

Zutaten:
Himbeere 3 EL / 30g. (empfehlenswert)
Kuhmilch (1,5 % Fett) 200 ml. / 200g. (ja)
Reis Reisschleim 2 EL / 10g. (ja)

Kochanleitung:
Die tiefgekühlten Himbeeren auftauen lassen und dann durch ein Sieb streichen. Die Hälfte der Milch mit dem Reisschleim anrühren, in einem kleinen Topf zum Kochen bringen und bei schwacher Hitze unter Rühren etwa 3 Min. ausquellen lassen. Den Topf von der Kochstelle nehmen und nach und nach die restliche Milch und den Himbeersaft einrühren.

3.5 Bärlauch-Knödel

Verbessert Verdauung und Fließeigenschaften des Blutes, senkt Blutdruck und Cholesterinspiegel.
Anzahl Portionen: 4
Kalorien p. Portion 906
Gramm p. Portion   383,25
Kochdauer ca.   30 Min.
Allergene: ACG
(Kohlehydrat:47,33% / Eiweiß & Fett:52,67%)
100g.≈ Eiweiß 30,28g. Fett:15,12g.
µg. - Ph:25,84 Na:57,58 Ka:61,9 Mg:6,13 Ca:17,61 Fe:0,26 Zn:0,04 Col.:1,54 Hsr.:16,93

Zutaten:
Kartoffel (mehlige) 500 g. / 500g. (empfehlenswert)
Bärlauch (Knoblauchspinat) 200 g / 200g. (empfehlenswert)
Butter (halbfett) 40 g. / 40g. (weniger als angegeben)
Weizen Mehl 150 g. / 150g. (wenig)
Weizen Gries 50 g. / 50g. (ja)
Huhn Eigelb 2 Stück / 20g. (wenig)
Zwiebel weiss 1 Stück / 50g. (ja)
Butter (halbfett) 10 g. / 10g. (weniger als angegeben)
Tomate 200 g / 200g. (empfehlenswert)
Zucker (weiß, aus Rüben) 1 Prise / 1g. (wenig)
Pute Schinken 250 g. / 250g. (wenig)
Olivenöl 1 EL / 10g. (empfehlenswert)
Parmesan 50 g. / 50g. (weniger als angegeben)
Salz 1 Prise / 1g. (wenig)
Pfeffer gemahlen 1 Prise / 0,5g. ()
Muskatnuss 1 Prise / 0,5g. (empfehlenswert)

Kochanleitung:
Kartoffeln in Salzwasser kochen, schälen und noch heiß durch die Presse drücken. Frischen Bärlauch: waschen, putzen und kurz in sprudelnd kochendes Salzwasser tauchen (blanchieren). Kalt abschrecken und abtropfen lassen. Den Bärlauch grob hacken. Getrockneten Bärlauch: ca. 100 g in 100 ml Wasser 10 Min. einweichen lassen und mit dem Wasser verwenden.50 g der Butter schmelzen. Mehl, Grieß, Eigelbe und flüssige Butter mit der Kartoffelmasse vermischen, Bärlauch einkneten. Mit Salz, Pfeffer und geriebener Muskatnuss würzen und die Masse etwa 15 Min. ruhen lassen. Zwiebel abziehen, fein hacken und in der restlichen Butter andünsten. Kleingeschnittene Tomaten dazugeben, einige Minuten köcheln lassen, mit Salz, Pfeffer und Zucker würzen. Aus der Kartoffelmasse pro Person 3 Knödel formen. In Salzwasser etwa 15 Min. leise köcheln lassen. In der Zwischenzeit den Schinken in Öl leicht braten. Den Käse reiben. Knödel abtropfen lassen, mit dem Schinken, der Tomatensoße und geriebenem Käse servieren.

3.6 Basmatireis + Zucchini-Tofupfanne

Harntreibend, harmonisiert Milz und Magen, lindert Blähungen. Gut bei Übergewicht und Bluthochdruck. Antioxidativ, fördert Verdauung, entgiftet, stärkt Säfteproduktion, treibt Schweiß, reduziert Blutfett, stärkt Magen.

Anzahl Portionen: 4
Kalorien p. Portion 146
Gramm p. Portion 306,75
Kochdauer ca. 20 min.
Allergene: E
(Kohlehydrat:56,62% / Eiweiß & Fett:43,38%)
100g.≈ Eiweiß 7,95g. Fett:4,89g.
µg. - Ph:13,21 Na:0,7 Ka:33,77 Mg:10,99 Ca:11,98 Fe:0,34 Zn:0,02 Col.:0 Hsr.:7,75

Zutaten:
Soja Tofu 250 g. / 250g. (ja)
Olivenöl 2 EL / 6g. (empfehlenswert)
Koriander 1/2 TL / 4g. (empfehlenswert)
Ingwer frisch 1/2 TL / 4g. (empfehlenswert)
Reis Basmatireis 1/2 Tasse / 60g. (ja)
Wasser 3 Tassen / 200g. (ja)
Zucchini 1 Stück / 700g. (empfehlenswert)

Kochanleitung:
Tofu würfelig schneiden und mit Olivenöl, Tamari, zerstoßenem
Koriander und Ingwer marinieren und mindestens 1 Std. ziehen lassen.
Basmatireis im Wasser kochen und evtl. mit Zwiebel und Kardamom
würzen. Zucchini und Tofu in einer Pfanne in heißem Öl ca. 5-7 Min.
rösten und auf Tellern getrennt vom Reis anrichten. Petersilie
drüberstreuen. Kann auch kalt als Salat für zuhause oder unterwegs
verwendet werden.

3.7 Belugalinseneintopf mit Gemüse

Fördert Schwitzen, löst Stagnation, lindert Verstopfung, fördert
Verdauung, produziert Muttermilch, regt Nerven an, entgiftet, lindert
Entzündungen, verbessert Durchblutung, stärkt Herz und Nieren,
harntreibend, beruhigt den Magen.
Anzahl Portionen: 5
Kalorien p. Portion 202
Gramm p. Portion 361,64
Kochdauer ca. 20 min.
(Kohlehydrat:50,85% / Eiweiß & Fett:49,15%)
100g.≈ Eiweiß 5,72g. Fett:8,35g.
µg. - Ph:7,14 Na:11,6 Ka:38,6 Mg:4,01 Ca:9,32 Fe:0,2 Zn:0,01 Col.:0,02 Hsr.:8,3

Zutaten:
Linsen (Helmbohnen) 2 Tassen / 240g. (ja)
Wasser 4-5 Tassen / 500g. (ja)
Karotte (Mohrrübe, Möhre) 3 Stück / 150g. (empfehlenswert)
Lauch (Porree) 1 Stück / 300g. (ja)
Kohlrabi 1/2 Stück / 200g. (ja)
Tomate 2 Stück / 80g. (empfehlenswert)
Zwiebel weiss 1 Stück / 50g. (ja)
Lorbeerblatt 2 Blatt / 1g. (empfehlenswert)
Fenchel 1 Stück / 250g. (empfehlenswert)
Sternanis 2 Stück / 1g. (ja)
Wacholderbeere 6 Stück / 2g. (empfehlenswert)
Chili (Schote oder gemahlen) 1 Prise / 0,2g. (ja)
Olivenöl 3 EL / 30g. (empfehlenswert)
Salz 1 Prise / 1g. (wenig)
Ingwer frisch 1/2 TL / 2g. (empfehlenswert)
Schwarzkümmel 1 Prise / 1g. (ja)

Kochanleitung:
Die kleingeschnittene Zwiebel in einem Topf in Öl anbraten.
Gewürfeltes Gemüse, Gewürze, Linsen (gut gewaschen) und Salz
zugeben. Mit kaltem Wasser ausreichend (3 fingerbreit) bedeckt 20
Min. auf kleiner Stufe kochen. Mit frischen Kräutern und
Schwarzkümmel bestreut servieren. Passt sehr gut zu Reis!

3.8 Blattsalat mit Frischkäse

Die Bitterstoffe besitzen eine galle- und harntreibende Wirkung und
fördern die Durchblutung im Verdauungstrakt mit deutlicher
Verbesserung der gesamten Verdauungsfunktion. Senf verbessert
Schilddrüsenfunktion und lindert rheumatische Beschwerden.

Anzahl Portionen: 1
Kalorien p. Portion 802
Gramm p. Portion 260,5
Kochdauer ca. 5 min.
Allergene: AFM
(Kohlehydrat:20,86% / Eiweiß & Fett:79,14%)
100g.≈ Eiweiß 22,11g. Fett:52,98g.
µg. - Ph:138,56 Na:312,5 Ka:257,23 Mg:28,83 Ca:84,45 Fe:0,54 Zn:0,48 Col.:0,06
Hsr.:14,62

Zutaten:
Blattsalate (bitter) 2 Portionen / 60g. (ja)
Frischkäse aus Soja 150 g. / 150g. (ja)
Senf 1 Messerspitze / 1g. (ja)
Zitrone Saft 1 Schuss / 3g. (ja)
Salz 1 Prise / 1g. (wenig)
Pfeffer gemahlen 1 Prise / 0,5g. ()
Kräuter verschiedene 2 TL / 4g. (ja)
Schwarzkümmel 1 Prise / 1g. (ja)
Vollkornbrot 2 Scheiben / 40g. (empfehlenswert)

Kochanleitung:
Blattsalat waschen und klein zupfen. 150 g Frischkäse, etwas Senf,
einen Spritzer Zitronensaft, 1 Zehe Knoblauch, gehackte frische
Kräuter, eine Prise Pfeffer und zerstoßenen Schwarzkümmel verrühren
und über den Salat geben. Dazu Vollkornbrot reichen.

3.9 Blitzschnelle Zucchinisuppe

Harntreibend, stärkt Magen-Darm-Funktion, erweitert Blutgefäße, bakterizid, beugt Krebs vor, beugt Krankheiten vor (bei älteren Menschen), regt Leberfunktion an, entgiftet.

Anzahl Portionen: 4
Kalorien p. Portion   42
Gramm p. Portion   241,5
Kochdauer ca.   10 min
(Kohlehydrat:46,03% / Eiweiß & Fett:53,97%)
100g.≈ Eiweiß 1,77g. Fett:2,05g.
µg. - Ph:3,81 Na:0,41 Ka:29,78 Mg:3,2 Ca:5,37 Fe:0,22 Zn:0,01 Col.:0 Hsr.:2,85

Zutaten:
Zucchini 2-3 Stück / 500g. (empfehlenswert)
Zwiebel weiss 1 Stück / 50g. (ja)
Maiskeimöl 2 EL / 6g. (wenig)
Petersilie 1 EL / 7g. (empfehlenswert)
Lauchzwiebel Schnittlauch 1 TL / 3g. (empfehlenswert)
Wasser 1/2 Liter / 400g. (ja)

Kochanleitung:
Gehackte Zwiebel in Öl andünsten. In Scheiben geschnittene Zucchini zufügen und gut andünsten. Mit Wasser aufgießen. Petersilie und Schnittlauch grob gehackt zufügen und alles pürieren.

3.10 Bohnenpasta pikant süß

Harntreibend, senkt den Cholesterinspiegel, beugt Arteriosklerose vor, antioxidativ, fördert Verdauung, hilft Fett zu verdauen, senkt Blutdruck.

Anzahl Portionen: 1
Kalorien p. Portion   311
Gramm p. Portion   236
Kochdauer ca.   1 Stunde
Allergene: MO
(Kohlehydrat:60% / Eiweiß & Fett:40%)
100g.≈ Eiweiß 30,04g. Fett:25,6g.
µg. - Ph:193,06 Na:57,14 Ka:452,19 Mg:77,53 Ca:58,65 Fe:3,77 Zn:0,65 Col.:0,08 Hsr.:68,19

Zutaten:
Schwarze Bohnen 1 Tasse / 120g. (ja)
Ingwer frisch 2 cm. / 3g. (empfehlenswert)
Boxhornkleesamen 1/2 TL / 2g. (ja)
Tomatenmark 1 EL / 10g. (empfehlenswert)
Olivenöl 2 EL / 20g. (empfehlenswert)
Kürbiskernöl 1 Schuss / 3g. (ja)

Senf 1 Messerspitze / 1g. (ja)
Rettich Meerrettich (Kren) 1 TL gerieben / 2g. (empfehlenswert)
Pfeffer gemahlen 1 Prise / 0,5g. ()
Knoblauch 2 Zehen / 3g. (empfehlenswert)
Salz 1 Prise / 1g. (wenig)
Zucker Melasse 2-3 EL / 20g. (wenig)
Zitrone Schale 1/2 Stück / 1g. (ja)
Wasser 2 Tassen / 50g. (ja)

Kochanleitung:
Bohnen mit Gewürzen und Ingwer kochen, Wasser abgießen und
pürieren. Mit Gewürzen abschmecken und mit Zuckerrübensirup und
Zitronenschale verfeinern.

3.11 Brennnessel mit Mangold Suppe

Harntreibend, reinigt die Nieren, blutreinigend, entschlackend,
unterstützend bei Prostatabeschwerden, hemmt die Bildung von
Entzündungsstoffen, wirkt schmerzlindernd. Mangold unterstützt die
Darmtätigkeit und reinigt den Darm.

Anzahl Portionen: 4
Kalorien p. Portion 52
Gramm p. Portion 230,38
Kochdauer ca. 30 Min.
(Kohlehydrat:41,21% / Eiweiß & Fett:58,79%)
100g.≈ Eiweiß 2,64g. Fett:2,87g.
µg. - Ph:5,68 Na:12,63 Ka:52,35 Mg:11,26 Ca:15,14 Fe:0,37 Zn:0,01 Col.:0 Hsr.:9,79

Zutaten:
Brennnessel 1 Handvoll / 10g. (empfehlenswert)
Mangold 1/2 Kg. / 500g. (empfehlenswert)
Salz 1 Prise / 1g. (wenig)
Wasser 1/2 Liter / 400g. (ja)
Olivenöl 1 EL / 10g. (empfehlenswert)
Pfeffer gemahlen 1 Prise / 0,5g. ()

Kochanleitung:
In einem Topf das Öl erhitzen, den gewaschenen und fein
geschnittenen Mangold dazugeben, salzen und 10 Min. köcheln lassen.
Die gehackten Brennnesseln zufügen und weitere 10 Min. kochen. Mit
Pfeffer würzen und pürieren.

3.12 Brokkolicrèmesuppe

Gegen Thrombose, fördert Schilddrüsenfunktion, stärkt das Immunsystem, fördert Aufbau und Erhalt von gesunden Knochen, Zähnen, Haaren und Nägeln. Senkt Blutdruck, bakterizid, beugt Krebs vor, reduziert Strahlenverletzungen.

Anzahl Portionen: 6
Kalorien p. Portion 98
Gramm p. Portion 251,25
Kochdauer ca. 30 min.
Allergene: LO
(Kohlehydrat:78,7% / Eiweiß & Fett:21,3%)
100g.≈ Eiweiß 4,18g. Fett:1,91g.
µg. - Ph:6,81 Na:2,68 Ka:26,22 Mg:8,36 Ca:32,5 Fe:0,16 Zn:0,01 Col.:0 Hsr.:2,7

Zutaten:
Olivenöl 2-3 EL / 7g. (empfehlenswert)
Brokkoli 500 g. / 500g. (empfehlenswert)
Karotte (Mohrrübe, Möhre) 2 Stück / 150g. (empfehlenswert)
Kartoffel 2 Stück / 120g. (empfehlenswert)
Zwiebel weiss 1 Stück / 50g. (ja)
Wasser 1 Tasse / 50g. (ja)
Grundrezept für eine Gemüsebrühe nahrhaft 1/2 Liter / 500g. (empfehlenswert)
Weißwein 1/8 Liter / 125g. (ja)
Salbei 1 TL / 2g. (empfehlenswert)
Rosmarin 1 TL / 2g. (ja)
Pfeffer gemahlen 1 Prise / 0,5g. ()
Salz 1 Prise / 1g. (wenig)

Kochanleitung:
Olivenöl in die Pfanne geben, den gewaschenen und in Stücke geschnittenen Brokkoli, gewürfelte Karotten und Kartoffeln zugeben, kurz andünsten, klein geschnittene Zwiebel zufügen und alles mindestens drei fingerbreit mit Wasser auffüllen. Mit Brühe und ganz wenig Weißwein aufgießen und mit Salz, geschnittenem Salbei und Rosmarin würzen, aufkochen lassen und auf kleinem Feuer ca. 25 Min. köcheln lassen. Mit Pfeffer und evtl. noch mal Meersalz würzen und alles pürieren.

3.13 Bulgur mit Tomaten und frischen Kräutern

Fördert Verdauung, hilft Fett zu verdauen, harntreibend, senkt Blutdruck, zieht Adern zusammen, vergrößert Herzkranzgefäße, zieht Gebärmutter zusammen.

Anzahl Portionen: 1
Kalorien p. Portion 205
Gramm p. Portion 244
Kochdauer ca. 30 min.
Allergene: A
(Kohlehydrat:71% / Eiweiß & Fett:29%)
100g.≈ Eiweiß 14,92g. Fett:22,17g.
µg. - Ph:136,51 Na:6,27 Ka:256,14 Mg:48,22 Ca:20,11 Fe:1,82 Zn:1,3 Col.:0,08 Hsr.:78,86

Zutaten:
Bulgur (Getreide) 1 Tasse / 120g. (ja)
Tomate 2 Stück / 70g. (empfehlenswert)
Rucola Rauke 2 EL / 16g. ()
Paprika (Rosenpaprikapulver) 1 Prise / 2g. (ja)
Olivenöl 2 EL / 20g. (empfehlenswert)
Pfeffer gemahlen 1 Prise / 0,5g. ()
Salz 1 Prise / 1g. (wenig)
Basilikum 4 Blätter / 2g. (ja)
Thymian 1 Zweig / 3g. (ja)
Zitrone Saft 1/2 Stück / 10g. (ja)

Kochanleitung:
Kaltes Wasser in einem Topf aufsetzen, Bulgur hineinstreuen und gar köcheln. Kleingeschnittene Tomaten, frische Kräuter wie Basilikum und Thymian, Rucola, eine Prise Rosenpaprika, Zitronensaft, einen Schuss Olivenöl, etwas gemahlenen Pfeffer und etwas Salz unterrühren. Empfehlung: Ideale Morgenmahlzeit im Sommer, aber auch gut geeignet als Abendmahlzeit, insbesondere bei Schlafstörungen.

3.14 Bunte toskanische Bohnensuppe

Fördert Verdauung, hilft Fett zu verdauen, harntreibend, senkt Blutdruck und beruhigt den Magen.

Anzahl Portionen: 3
Kalorien p. Portion 249
Gramm p. Portion 256
Kochdauer ca. 2 Stunden
Allergene: L
(Kohlehydrat:38% / Eiweiß & Fett:62%)
100g.≈ Eiweiß 6,91g. Fett:17,64g.
µg. - Ph:1,92 Na:0,64 Ka:6,57 Mg:1,02 Ca:1,91 Fe:0,4 Zn:0,03 Col.:0,01 Hsr.:3,71

Zutaten:
Nierenbohnen (rote) 50 g. / 50g. (ja)
Kichererbsen 25 g. / 25g. (ja)
Linsen (Helmbohnen) 25 g. / 25g. (ja)
Sellerie Stangensellerie 1 Stange / 10g. (empfehlenswert)
Tomate 2 Stück / 100g. (empfehlenswert)
Fenchelsamen gemahlen 1/2 TL / 1g. (ja)
Salz 1 Prise / 1g. (wenig)
Pfeffer gemahlen 1 Prise / 0,5g. ()
Knoblauch 1 Zehe / 3g. (empfehlenswert)
Olivenöl 3 EL / 50g. (empfehlenswert)
Wasser 600 ml. / 500g. (ja)
Basilikum (frisch) 5-7 Blätter / 3g. (empfehlenswert)

Kochanleitung:
Hülsenfrüchte einweichen, kochen und pürieren. Gemüse, Gewürze, Kräuter und Öl zugeben und alles 2 Std. leicht garen. Variante: Esskastanien (Maronen) geben dem Gericht noch eine speziell italienische Note.

3.15 Buntes Reisgericht

Stärkt Immunsystem, Milz, Magen, Blut, Muskeln, Sehnen und Knochen, fördert Verdauung, hilft Fett zu verdauen, harntreibend, senkt Blutdruck, löst Stagnation, gut gegen Diabetes.

Anzahl Portionen: 3
Kalorien p. Portion 437
Gramm p. Portion 342,67
Kochdauer ca. 45 Min.
Allergene: L
(Kohlehydrat:63% / Eiweiß & Fett:37%)
100g.≈ Eiweiß 17,03g. Fett:10,23g.
µg. - Ph:7,97 Na:4,89 Ka:17,25 Mg:6,38 Ca:18,08 Fe:0,14 Zn:0,11 Col.:1 Hsr.:5,14

Zutaten:
Olivenöl 2 TL / 20g. (empfehlenswert)
Zwiebel Frühlingszwiebel 1 Stück / 20g. (ja)
Rind Fleisch 125 g. / 125g. (wenig)
Reis Vollkorn 80 g. / 80g. (empfehlenswert)
Grundrezept für eine Gemüsebrühe nahrhaft 300 ml. / 300g. (empfehlenswert)
Sellerie Knolle 50 g. / 50g. (empfehlenswert)
Lauch (Porree) 1 Stück / 100g. (ja)
Bohnen (grün, frisch) 150 g. / 150g. (empfehlenswert)

Karotte (Mohrrübe, Möhre) 1 Stück / 70g. (empfehlenswert)
Tomate 2 Stück / 100g. (empfehlenswert)
Salz 1 Prise / 0,5g. (wenig)
Pfeffer gemahlen 1 Prise / 0,2g. ()
Paprika (Rosenpaprikapulver) 1 Prise / 0,5g. (ja)
Kräuter verschiedene 2 EL / 12g. (ja)

Kochanleitung:
Lauch und Karotten waschen, putzen und kleinschneiden. Sellerie
würfeln, Tomaten in Scheiben schneiden. In einer großen, tiefen Pfanne
Öl erhitzen und die kleingeschnittene Zwiebel zusammen mit dem
Hackfleisch darin anbraten. Naturreis und vorbereitetes Gemüse
(Sellerie, Lauch, Bohnen, Möhre, Tomaten) dazugeben und kurz mit
andünsten. Mit Salz, Pfeffer und Paprika würzen, Gemüsebrühe
hinzufügen, aufkochen lassen und bei geringer Hitze ca. 20 bis 30 Min.
bei kleiner Hitze und geschlossenem Deckel garen lassen. Mit frischen
gehackten Kräutern bestreuen und servieren.

3.16 Champignonreis

Stärkt Nieren, ist harntreibend, erwärmt den Körper von innen, erweitert
die Gefäße, stärkt die Muskeln, fördert die Verdauung, kuriert
Bluthochdruck, löst Stagnation, fördert Gewichtsabnahme. Gut bei
Abwehrschwäche und Appetitlosigkeit.
Anzahl Portionen: 2
Kalorien p. Portion 410
Gramm p. Portion 341
Kochdauer ca. 30 Min.
Allergene: L
(Kohlehydrat:89% / Eiweiß & Fett:11%)
100g.≈ Eiweiß 10,01g. Fett:3,44g.
µg. - Ph:30,31 Na:3,54 Ka:32,26 Mg:27,24 Ca:62,74 Fe:0,37 Zn:0,16 Col.:0 Hsr.:12,22

Zutaten:
Zwiebel weiss 1 Stück / 50g. (ja)
Lorbeerblatt 2 Stück / 1g. (empfehlenswert)
Nelke 2 Stück / 1g. (empfehlenswert)
Grundrezept für eine Gemüsebrühe 400 g. / 350g. (empfehlenswert)
Reis Vollkorn 200 g / 200g. (empfehlenswert)
Champignon 60 g. / 60g. (ja)
Petersilie 20 g. / 20g. (empfehlenswert)
Pfeffer gemahlen 1 Prise / 0,2g. ()

Kochanleitung:
Die Nelken in die Zwiebel stecken, die Gemüsebrühe mit der Zwiebel und den Lorbeerblättern zum Kochen bringen und den Reis in die kochende Flüssigkeit geben. Temperatur auf die kleinste Stufe zurückschalten und mit geschlossenem Deckel 20-25 Min. garziehen lassen. In der Zwischenzeit die Champignons putzen, in Scheiben schneiden, mit wenig Wasser kurz andünsten oder anbraten. Die Petersilie waschen und fein hacken. Aus dem fertigen Reis die Zwiebel herausnehmen, die Champignons und die Petersilie hinzugeben und mit Pfeffer und Salz abschmecken.

3.17 Chicoréesalat mit Orangen und Grapefruit

Liefert viele Mineralstoffe und steckt voller A-B-C Vitamine. Fördert Verdauung, lindert Alkoholvergiftung, senkt Blutzucker.

Anzahl Portionen: 1
Kalorien p. Portion   236
Gramm p. Portion   382
Kochdauer ca.   10 Min.
(Kohlehydrat:68% / Eiweiß & Fett:32%)
100g.≈ Eiweiß 3,7g. Fett:10,78g.
µg. - Ph:22,85 Na:2,92 Ka:172,02 Mg:12,65 Ca:27,13 Fe:0,47 Zn:0,16 Col.:0,03 Hsr.:16,1

Zutaten:
Chicorée 120 g. / 120g. (empfehlenswert)
Orange 1 Stück / 100g. (ja)
Grapefruit/Pampelmuse/Pomelo 1/2 Stück / 100g. (ja)
Zwiebel weiss 1 kleine / 30g. (ja)
Zitrone Saft 2-3 EL / 20g. (ja)
Pfeffer gemahlen 1 Prise / 0,2g. ()
Ingwer Pulver 1 Prise / 0,2g. (ja)
Zucker Kandis weiß 1 Messerspitze / 0,5g. (wenig)
Orange abgeriebene Schale 1 TL / 2g. ()
Olivenöl 1 EL / 10g. (empfehlenswert)

Kochanleitung:
Chicorée waschen und kleinschneiden. Bio-Orangen und Grapefruit schälen, filetieren und mit dem Chicorée mischen. Aus Zitronensaft, Salz, Pfeffer, Ingwer, Zucker, gehackter Zwiebel und Öl eine Soße anrühren und untermischen. Den Salat mit Orangenschalenraspeln bestreuen.

3.18 Couscous-Salat

Bakterizid, beugt Krebs vor, stärkt Magensaftproduktion, fördert Verdauung, regt Leberfunktion an, senkt Blutdruck, stärkt Immunsystem, reduziert Strahlenverletzungen, harntreibend.

Anzahl Portionen: 3
Kalorien p. Portion 338
Gramm p. Portion 285,67
Kochdauer ca. 25 Min.
Allergene: A
(Kohlehydrat:75,44% / Eiweiß & Fett:24,56%)
100g.≈ Eiweiß 12,22g. Fett:7,11g.
µg. - Ph:15,3 Na:17,27 Ka:83,68 Mg:6,5 Ca:21,3 Fe:0,46 Zn:0,07 Col.:0 Hsr.:13,69

Zutaten:
Wasser 250 ml. / 100g. (ja)
Olivenöl 1 EL / 15g. (empfehlenswert)
Couscous 200 g / 200g. (ja)
Zitrone Saft 3 EL / 30g. (ja)
Zitrone Schale 1 TL / 2g. (ja)
Tomate 2 Stück / 80g. (empfehlenswert)
Gurke 100 g. / 100g. (ja)
Karotte (Mohrrübe, Möhre) 100 g. / 100g. (empfehlenswert)
Petersilie 1 Bund / 100g. (empfehlenswert)
Lauchzwiebel Schnittlauch 1 Bund / 100g. (empfehlenswert)
Pfefferminze 3 Äste / 30g. (empfehlenswert)

Kochanleitung:
In einem kleinen Topf 250 ml Wasser mit Salz und 1 EL Olivenöl zum Kochen bringen. Couscous einrühren, vom Herd nehmen und zugedeckt 5 Min. quellen lassen. Couscous zurück auf den Herd stellen und bei milder Hitze weitere ca. 2 Min. unter ständigem leichten Rühren ziehen lassen. Eventuell noch 1-3 EL heißes Wasser untermischen. Couscous mit Zitronensaft, kleingehackter Zitronenschale und 1 EL Öl vermischen, mit Salz und Pfeffer abschmecken und etwas durchziehen lassen. Couscous mit gewürfelten Tomaten und Gurken, geriebenen Karotten, Petersilie, Schnittlauch und Minze (fein gehackt) vermischen. Couscous-Salat mit Zitronensaft, Salz und Pfeffer abschmecken.

3.19 Dicke Erbsensuppe für den Winter

Stärkt Leber, Nieren und Abwehrkraft. Ist harntreibend, entgiftend, löst Stagnation, fördert Durchblutung.

Anzahl Portionen: 3
Kalorien p. Portion 124
Gramm p. Portion 255
Kochdauer ca. 2-3 Stunden
Allergene: AN
(Kohlehydrat:46,79% / Eiweiß & Fett:53,21%)
100g.≈ Eiweiß 4,37g. Fett:7,31g.
µg. - Ph:10,32 Na:0,75 Ka:22,49 Mg:3,65 Ca:4,66 Fe:0,17 Zn:0,04 Col.:0 Hsr.:15,62

Zutaten:
Erbse, grün 150 g. / 150g. (empfehlenswert)
Wasser 600 ml. / 550g. (ja)
Sesamöl 1 EL / 20g. (wenig)
Zwiebel weiss 1/2 Stück / 25g. (ja)
Ingwer frisch 1/2 TL / 1g. (empfehlenswert)
Kümmel 1/2 TL / 1g. (ja)
Hafer Schrot 1 EL / 15g. (ja)
Salz 1 Prise / 1g. (wenig)
Petersilie 1 Stängel / 2g. (empfehlenswert)

Kochanleitung:
Erbsen vorher einweichen. Sesamöl in einem Topf erhitzen und kleingeschnittene Zwiebel, Haferschrot, Ingwer und Kümmel darin anbraten. Erbsen zugeben und 2-3 Std. köcheln. Am Ende Salz zufügen und mit Petersilie garnieren.

3.20 Dinkel mit Obst und Nüssen

Regt Appetit an, stoppt Durchfall, fördert Verdauung, lindert Müdigkeit, schützt vor Tumorleiden und Leukämie, wirkt förderlich bei Lebensmittelallergien, ist stoffwechselregulierend, senkt Blutzucker und Cholesterin, entzündungshemmend im Magen-Darm-Trakt.

Anzahl Portionen: 3
Kalorien p. Portion 289
Gramm p. Portion 286,33
Kochdauer ca. 1 1/2 Stunden
Allergene: AH
(Kohlehydrat:76% / Eiweiß & Fett:24%)
100g.≈ Eiweiß 8,64g. Fett:6,67g.
µg. - Ph:9,7 Na:8,81 Ka:25,53 Mg:3,53 Ca:2,83 Fe:0,14 Zn:0,02 Col.:0 Hsr.:2,96

Zutaten:
Dinkel 1 Tasse / 120g. (ja)
Wasser 1 Tasse / 50g. (ja)
Apfel (süß) 1 Stück / 220g. (empfehlenswert)
Aprikose 1 Stück / 200g. (ja)
Pfirsich 1 Stück / 120g. (ja)
Zimtpulver 1 Prise / 1g. (empfehlenswert)
Kardamom 1 Prise / 1g. (empfehlenswert)
Salz 1 Prise / 1g. (wenig)
Erdbeere 1 Tasse / 120g. (empfehlenswert)
Mandelmus 1 EL / 15g. (wenig)
Kakao 1 Prise / 1g. (ja)
Walnüsse 1 EL / 10g. (ja)

Kochanleitung:
Dinkel in heißem Wasser aufsetzen und gar kochen. Danach: Süßes, kleingeschnittenes Obst (Äpfel, Aprikosen, Pfirsiche) in wenig heißem Wasser mit etwas Zimt kurz andünsten. Gemahlenen Kardamom und/oder Koriander, eine kleine Prise Salz, den gekochten Dinkel und evtl. Erdbeeren (nach Jahreszeit) dazugeben und erhitzen. Mit Kakao und gerösteten Nüssen überstreuen.

3.21 Erbsengericht

Beruhigt Nerven und Magen, beruhigt Embryo während der Schwangerschaft, stärkt Magen-Darm-Funktion, erweitert Blutgefäße, bakterizid, harntreibend, beugt Krebs vor, beugt Krankheiten vor (bei älteren Menschen).

Anzahl Portionen: 1
Kalorien p. Portion 406
Gramm p. Portion 315
Kochdauer ca.   1-2 Stunden
Allergene: CE
(Kohlehydrat:54% / Eiweiß & Fett:46%)
100g.≈ Eiweiß 27,59g. Fett:11,75g.
µg. - Ph:146,21 Na:79,98 Ka:276,43 Mg:38,5 Ca:42,5 Fe:1,76 Zn:1,28 Col.:75,44
Hsr.:100,54

Zutaten:
Erbsen 150 g. (getrocknete) / 150g. (empfehlenswert)
Zitrone 1 Stück / 40g. (ja)
Wacholderbeere 5 Stück / 2g. (empfehlenswert)
Sonnenblumenöl 1 TL / 3g. (wenig)
Pfeffer weiss (gemahlen) 1 Prise / 0,3g. (ja)
Lorbeerblatt 3 Blatt / 2g. (empfehlenswert)

Zwiebel weiss 1 Stück / 50g. (ja)
Thymian 1 TL / 2g. (ja)
Ingwer frisch 1/2 TL / 1g. (empfehlenswert)
Huhn Ei 1 Stück / 60g. (wenig)
Wakame 3 cm. / 2g. (empfehlenswert)
Salz 1 Prise / 1g. (wenig)
Sojasauce nach Geschmack 1 Schuss / 2g. (ja)

Kochanleitung:
Getrocknete Erbsen in reichlich kaltem Wasser mehrere Stunden oder
über Nacht einweichen lassen. Einweichwasser wegschütten und
Erbsen gründlich waschen. Die Erbsen mit etwa 1,5 l kaltem Wasser
aufsetzen und zum Kochen bringen. 5 Min. ohne Deckel kochen lassen
und den Schaum, der sich bildet, abschöpfen. Erst dann folgende
Zutaten zugeben: eine Zitronenscheibe, Wacholderbeeren, Öl,
Pfefferkörner, Lorbeerblätter, kleingeschnittene Zwiebel, getrockneten
Thymian, kleingeschnittenen Ingwer und etwa 2 Streifen Wakame oder
1 EL Hijiki. Nun mit Deckel auf kleinster Stufe 1-2 Std. köcheln lassen.
Nach 1 Std. probieren, ob die Erbsen schon weich sind, denn die
Garzeit verändert sich mit der Einweichzeit und dem Lageralter. Sind
sie gar, Zitronenscheibe, Wacholderbeeren und Pfefferkörner entfernen
und mit Salz, Sojasoße und Zitronensaft abschmecken. Hinweis: Das
Gericht kann 3-4 Tage im Kühlschrank aufbewahrt und portionsweise
erwärmt werden. Dazu passt: in Wasser gedünstetes knackiges
Gemüse, Reis oder Hirse.

3.22 Erfrischende Gurkensuppe mit Kartoffeln

Harntreibend, entgiftend, unterdrückt Umwandlung von Zucker in Fett,
senkt Cholesterinspiegel, beugt Krebs vor, lindert Entzündungen,
verbessert Verdauung, löst Stagnation, fördert Durchblutung, fördert
Appetit.

Anzahl Portionen: 3
Kalorien p. Portion 148
Gramm p. Portion 307,33
Kochdauer ca. 15 Min
Allergene: GN
(Kohlehydrat:70% / Eiweiß & Fett:30%)
100g.≈ Eiweiß 3,93g. Fett:5,09g.
µg. - Ph:3,72 Na:0,77 Ka:23,54 Mg:1,43 Ca:2 Fe:0,05 Zn:0,02 Col.:0 Hsr.:1,19

Zutaten:
Sesamöl 1 EL / 10g. (wenig)
Kartoffel 4 Stück / 300g. (empfehlenswert)
Zwiebel Frühlingszwiebel 3 Stück / 60g. (ja)
Pfeffer gemahlen 1 Prise / 0,5g. ()
Muskatnuss 1 Prise / 1g. (empfehlenswert)
Salz 1 Prise / 1g. (wenig)
Zitrone 1/2 Stück / 25g. (ja)
Gurke 2 Stück / 500g. (ja)
Sahne, süß 30% 1 EL / 10g. (weniger als angegeben)
Dill 1 EL / 15g. (empfehlenswert)

Kochanleitung:
Kleingeschnittene Kartoffeln und reichlich Frühlingszwiebeln in Sesamöl anbraten und mit Pfeffer, etwas Muskat, Salz und Zitronensaft würzen. Heißes Wasser und gewürfelte Salatgurke dazugeben, ca. 10 Min. dünsten und danach pürieren. Etwas süße Sahne nach Belieben und frischen Dill zufügen. Variante: Etwas Chili, Oregano, Thymian oder Rosmarin dazugeben, um die abkühlende Wirkung zu mildern.

3.23 Exotisches Linsengericht

Stärkt Herz und Nieren, harntreibend, beruhigt den Magen, fördert Verdauung, löst Stagnation, hilft Fett zu verdauen, senkt Blutdruck, entgiftet, stimuliert das Immunsystem.
Anzahl Portionen: 4
Kalorien p. Portion 144
Gramm p. Portion   273,38
Kochdauer ca.   45 Min.
Allergene: NO
(Kohlehydrat:71,01% / Eiweiß & Fett:28,99%)
100g.≈ Eiweiß 5,83g. Fett:3,46g.
µg. - Ph:13,56 Na:11,59 Ka:48,35 Mg:8,52 Ca:8,91 Fe:0,27 Zn:0,02 Col.:0 Hsr.:13,4

Zutaten:
Sesamöl 1 EL / 10g. (wenig)
Zwiebel weiss 2 Stück / 120g. (ja)
Ingwer frisch 1/2 TL / 2g. (empfehlenswert)
Thymian getrocknet 1/2 TL / 1g. (empfehlenswert)
Cumin (Kreuzkümmel) 1/2 TL / 2g. (empfehlenswert)
Linsen rot 1 Tasse / 120g. (ja)
Wakame 3 cm / 1g. (empfehlenswert)
Zitrone 1/2 Stück / 20g. (ja)
Bocksdornfrüchte (Fructus Lycii) getrocknet 2 Prisen / 2g. (ja)
Zucker Ursüße (Zuckerrohr) süß 1 Prise / 1g. (wenig)

Chili (Schote oder gemahlen) 1 Prise / 0,5g. (ja)
Salz 1 Prise / 1g. (wenig)
Essig (Apfelessig) 1/2 TL / 1g. (empfehlenswert)
Tomate 1 Stück / 50g. (empfehlenswert)
Mangold 200 g / 200g. (empfehlenswert)
Blumenkohl (Karfiol) 200 g / 200g. (ja)
Salz 1 Prise / 1g. (wenig)
Reis Vollkorn 1/2 Tasse / 60g. (empfehlenswert)
Wasser 3 Tassen / 300g. (ja)
Salz 1 Prise / 1g. (wenig)

Kochanleitung:
Sesamöl in einem Topf erhitzen. Kleingeschnittene Zwiebeln,
geriebenen Ingwer, getrockneten Thymian und reichlich Cumin
zugeben und leicht anbraten. Geschälte rote Linsen, einen Streifen
Wakame, etwas Zitronensaft, heißes Wasser und etwas getrocknete
Bocksdornfrüchte dazugeben. 20 Min. köcheln lassen, bis die Linsen
gar sind. Heißes Wasser nach Belieben nachgießen, so dass ein Brei
entsteht. Vollrohrzucker, etwas Chili und Salz zufügen und mit Essig
oder Zitronensaft abschmecken. Kleingeschnittene Tomate dazugeben
und einige Minuten durchziehen lassen. Den Blumenkohl in einem
kleinen Topf mit 1 Tasse Wasser und etwas Salz 10 Min. weich kochen.
Den Mangold in einem kleinen Topf mit 1 Tasse Wasser und Salz 3
Min. blanchieren. Reis kurz aufkochen, salzen und 10 Min. ziehen
lassen. Alles zusammen mit dem Linsengericht anrichten.

3.24 Fein gewürzte Zucchini mit Tomaten

Harntreibend, fördert Verdauung, hilft Fett zu verdauen, senkt
Blutdruck, löst Stagnation, antioxidativ, erwärmt den Körper von innen,
erweitert die Gefäße.
Anzahl Portionen: 4
Kalorien p. Portion 203
Gramm p. Portion 396,5
Kochdauer ca. 10 Min.
(Kohlehydrat:71,84% / Eiweiß & Fett:28,16%)
100g.≈ Eiweiß 5,39g. Fett:6,62g.
µg. - Ph:10,4 Na:0,79 Ka:35,33 Mg:6,3 Ca:5,58 Fe:0,26 Zn:0,02 Col.:0 Hsr.:5,53

Zutaten:
Olivenöl 1 EL / 20g. (empfehlenswert)
Zwiebel weiss 2 Stück / 120g. (ja)
Zucchini 4 Stück / 800g. (empfehlenswert)
Oregano getrocknet 1 Prise / 1g. (empfehlenswert)
Basilikum (frisch) 6-8 Blatt / 3g. (empfehlenswert)

Salz 1 Prise / 1g. (wenig)
Tomate 2 Stück / 120g. (empfehlenswert)
Reis Vollkorn 1 Tasse / 120g. (empfehlenswert)
Wasser 6 Tassen / 400g. (ja)
Salz 1 Prise / 1g. (wenig)

Kochanleitung:
Fein geschnittene Zwiebeln und klein geschnittene Zucchini in Olivenöl
in einer Pfanne anbraten, bis sie halb gar sind und reichlich
getrockneten Oregano dazugeben. Salzen und klein geschnittene
Tomaten einige Minuten mitdünsten, bis die Zucchini gar, aber noch
knackig sind. Mit frischem Basilikum anrichten. Variante: Über die
Tomaten etwas Schafskäse geben und mit geschlossenem Deckel zu
Ende garen. Den Reis im gesalzenen Wasser aufsetzen, aufkochen
lassen und bei kleiner Hitze ca. 15 Min. quellen lassen.

3.25 Feiner russischer Borschtsch

Stärkt Milz, Magen und Herz, unterstützt die Blutzirkulation, regt
Verdauung an, senkt Blutdruck, stärkt Immunsystem. Zur Kräftigung
nach Krankheiten, gegen Blähungen, krampflösend bei Magen-Darm-
Beschwerden.
Anzahl Portionen: 6
Kalorien p. Portion 171
Gramm p. Portion 368,33
Kochdauer ca. 30 Min
Allergene: AGLO
(Kohlehydrat:81% / Eiweiß & Fett:19%)
100g.≈ Eiweiß 6,07g. Fett:3,32g.
µg. - Ph:1,04 Na:1,82 Ka:4,72 Mg:1,22 Ca:4,74 Fe:0,02 Zn:0 Col.:0,01 Hsr.:0,78

Zutaten:
Rote Rübe 200 g. / 200g. (empfehlenswert)
Sonnenblumenöl 1 EL / 10g. (wenig)
Zwiebel Schalotte 2 Stück / 40g. (ja)
Karotte (Mohrrübe, Möhre) 2 Stück / 140g. (empfehlenswert)
Sellerie Knolle 1 Stück / 500g. (empfehlenswert)
Petersilienwurzel 1 Stück / 150g. (ja)
Lauch (Porree) 5 dag. / 50g. (ja)
Grundrezept für eine Gemüsebrühe 3/4 Liter / 650g. (empfehlenswert)
Lorbeerblatt 1 Blatt / 0,2g. (empfehlenswert)
Wacholderbeere 2 Stück / 2g. (empfehlenswert)

Muskatnuss 1 Prise / 1g. (empfehlenswert)
Wirsing/Grünkohl 200 g. / 200g. (ja)
Salz 1 Prise / 1g. (wenig)
Pfeffer gemahlen 1 Prise / 0,5g. ()
Kümmel 1 Prise / 1g. (ja)
Rotwein 1/8 Liter / 125g. (ja)
Sauerrahm 15% Fett 1 EL / 10g. (ja)
Dill 1 TL / 10g. (empfehlenswert)
Weißbrot (Weizenbrot) 6 Scheiben / 120g. (wenig)

Kochanleitung:
Die Rote Bete in Öl andünsten. In einem anderen Topf Zwiebeln,
Karotten, Sellerie, Petersilienwurzel und Lauch gut anbraten. Mit der
Brühe und dem Wein aufgießen und dann Lorbeer, Wacholderbeeren
und Muskat zugeben und 15 Min. köcheln lassen. Lorbeer entfernen
und alles pürieren. Etwas Brühe separat erhitzen und die angedünstete
Rote Bete darin weich köcheln. Nach der halben Garzeit Wirsing oder
Weißkohl zugeben und leicht ziehen lassen. Am Ende das pürierte
Gemüse zugeben und alles mit Salz, Pfeffer, gemahlenem Kümmel und
eventuell etwas Rotwein abschmecken. Im Teller mit etwas Sauerrahm
und fein gehacktem Dill garnieren. Mit je einer Scheibe Weißbrot
servieren.

3.26 Fischsuppe mit Weißwein, Lorbeer und Majoran

Kräftigt Nieren, nährt Blut und Säfte, harntreibend, stärkt Milz und
Leber, senkt Blutdruck, fördert Durchblutung, verbessert
Medikamentenwirkung, regt Appetit an, bakterizid.
Anzahl Portionen: 3
Kalorien p. Portion 199
Gramm p. Portion 302,67
Kochdauer ca. 45 Min.
Allergene: DLO
(Kohlehydrat:67% / Eiweiß & Fett:33%)
100g.≈ Eiweiß 7,82g. Fett:3,77g.
µg. - Ph:2,67 Na:2,95 Ka:13,85 Mg:0,87 Ca:2,48 Fe:0,04 Zn:0,02 Col.:0 Hsr.:1,86

Zutaten:
Zwiebel Frühlingszwiebel 2 Stück / 40g. (ja)
Knoblauch 1 Zehe / 2g. (empfehlenswert)
Grundrezept für eine Fischbrühe 1/2 Liter / 500g. (ja)

Karotte (Mohrrübe, Möhre) 1 Stück / 60g. (empfehlenswert)
Pastinake 1 Stück / 100g. (empfehlenswert)
Sellerie Knolle 1 Scheibe / 60g. (empfehlenswert)
Salz 1 Prise / 1g. (wenig)
Pfeffer Körner 2 Stück / 1g. (ja)
Zitrone 1/4 Stück / 10g. (ja)
Weißwein 1/8 Liter / 125g. (ja)
Lorbeerblatt 2 Blätter / 1g. (empfehlenswert)
Rosmarin 1 TL / 2g. (ja)
Lauchzwiebel Schnittlauch 1 TL (gehackt) / 3g. (empfehlenswert)
Petersilie 1 TL Gehackt / 3g. (empfehlenswert)

Kochanleitung:

Zwiebel und Knoblauch in Öl glasig braten. Mit Fischbrühe aufgießen und gewürfelte Karotte, Pastinake und Sellerie zugeben. Mit Salz und Pfefferkörnern würzen und die Suppe 25 Min. bei schwacher Hitze köcheln lassen. Den Fisch waschen, mit Zitronensaft beträufeln, in Stücke teilen und mit dem Wein, den Lorbeerblättern und dem Majoran in die Suppe geben. Alles 5 Min. bei schwacher Hitze garen. Schnittlauch und Petersilie dazugeben und die Suppe mit dem Salz abschmecken.

3.27 Frischkäseersatz

Gut bei Laktoseintoleranz. Gut bei Abwehrschwäche, Appetitlosigkeit, Arteriosklerose, Blähungen, Blasenschwäche, Blutarmut, Bluthochdruck, Depressionen, Diabetes, Durchfall. Stärkt Körperenergie, fördert Verdauung und Gewichtsabnahme.

Anzahl Portionen: 2
Kalorien p. Portion 526
Gramm p. Portion 328
Kochdauer ca. 20 Min.
Allergene: AE
(Kohlehydrat:63,78% / Eiweiß & Fett:36,22%)
100g.≈ Eiweiß 19,62g. Fett:12,76g.
µg. - Ph:65,08 Na:279,5 Ka:111,2 Mg:19,56 Ca:10,6 Fe:0,82 Zn:0,33 Col.:0 Hsr.:32,32

Zutaten:

Sojabohnenmilch 1 Liter / 300g. (ja)
Zitrone 1 Stück / 50g. (ja)
Kräuter verschiedene 2 EL / 6g. (ja)
Vollkornbrot 6 Scheiben / 300g. (empfehlenswert)

Kochanleitung:
Sojamilch in einen Topf geben, unter gelegentlichem Rühren (brennt leicht an!) zum Kochen bringen und abkühlen lassen. Zitrone auspressen, leicht unter die abgekühlte Sojamilch (ca. 80 Grad) rühren und ca. 20 Min. ruhen bzw. gerinnen lassen. Geronnene Sojamilch durch ein mit dem Geschirrtuch ausgelegtes Sieb gießen, Flüssigkeit ablaufen lassen und danach Restflüssigkeit mit dem Geschirrtuch auspressen. Nach Geschmack mit frischen Kräutern verfeinern. Dazu Vollkornbrot servieren.

3.28 Gegrillte Lachssteaks mit Blumenkohl und Kartoffeln

Verbessert Verdauung, regeneriert Haut, harntreibend, senkt Cholesterinspiegel.

Anzahl Portionen: 4
Kalorien p. Portion 329
Gramm p. Portion 386,75
Kochdauer ca. 30 Min.
Allergene: D
(Kohlehydrat:33% / Eiweiß & Fett:67%)
100g.≈ Eiweiß 33,21g. Fett:24,12g.
µg. - Ph:7,53 Na:1,45 Ka:21,74 Mg:1,35 Ca:0,97 Fe:0,04 Zn:0,03 Col.:0,71 Hsr.:4,74

Zutaten:
Knoblauch 1 Zehe / 1g. (empfehlenswert)
Zwiebel Schalotte 1/2 Stück / 5g. (ja)
Zitrone Saft 1 Spritzer / 1g. (ja)
Salz 1 Prise / 1g. (wenig)
Blumenkohl (Karfiol) 1 Stück / 500g. (ja)
Olivenöl 2 EL / 20g. (empfehlenswert)
Knoblauch 1 Zehe / 1g. (empfehlenswert)
Wasser 1/4 Tasse / g. (ja)
Petersilie 3 EL / 15g. (empfehlenswert)
Kartoffel 500 g. / 500g. (empfehlenswert)
Salz 1 Prise / 1g. (wenig)
Lachs 4 Stück (Steaks) / 500g. (empfehlenswert)
Zitrone 1/2 Stück / 2g. (ja)

Kochanleitung:
Knoblauch-Schalotten-Mischung: Knoblauch fein zerdrücken, Schalotten fein hacken, einen Spritzer Zitronensaft und Salz dazugeben und verrühren. Mit wenig Öl zu einer Paste verrühren. Blumenkohl: Den Blumenkohl in halbwegs gleichmäßige Stücke zerteilen. In einem schweren Topf das Öl erhitzen und den zerdrückten Knoblauch kurz

anbraten. Die Blumenkohlstücke hineingeben und im Öl wenden. Etwas Wasser zugießen und so lange kochen, bis der Blumenkohl bissfest ist. Den Blumenkohl abseihen und das restliche Wasser einkochen lassen, bis eine dicke Soße übrigbleibt. Blumenkohl wieder dazugeben und mit einem Holzlöffel grob zerdrücken. Die gehackte Petersilie und Salz hinzugeben. Kartoffeln: In einem Topf mit viel Wasser die Kartoffeln weich kochen, abseihen und schälen .Lachssteak: Den Backofen bei ca. 180 Grad vorheizen. Die Lachsscheiben mit der Knoblauch-Schalotten-Mischung einreiben und so dicht wie möglich an der Wärmequelle jeweils 4 bis 8 Min. von beiden Seiten grillen. Sie sind fertig, wenn sich beim Einstechen mit einer Gabel das Fleisch leicht teilen lässt. Alles anrichten und mit Zitronenscheiben und der gehackten Petersilie bestreuen.

3.29 Gegrillter Tofu mit Reisnudeln, Spinat und Zuckerschoten

Lindert Blähungen, harntreibend, entgiftend, stärkt Magen-Darm-Funktion, erweitert Blutgefäße, regt Appetit an, fördert Ausscheidung und Durchblutung.

Anzahl Portionen: 4
Kalorien p. Portion   327
Gramm p. Portion   373
Kochdauer ca.   30 Min.
Allergene: E
(Kohlehydrat:49,87% / Eiweiß & Fett:50,13%)
100g.≈ Eiweiß 24,38g. Fett:10,73g.
µg. - Ph:31,18 Na:1,57 Ka:31,66 Mg:18,57 Ca:14,87 Fe:0,41 Zn:0,04 Col.:0 Hsr.:26,16

Zutaten:
Sake 85 ml / 85g. (wenig)
Zucker Ursüße (Zuckerrohr) süß 1 EL / 7g. (wenig)
Knoblauch 5 Zehen / 7g. (empfehlenswert)
Zwiebel Frühlingszwiebel 3 Stück / 60g. (ja)
Ingwer frisch 3 cm. / 5g. (empfehlenswert)
Rapsöl 2 EL / 20g. (empfehlenswert)
Spinat 2 Handvoll / 30g. (ja)
Erbse, grün 450 g. / 400g. (empfehlenswert)
Wasser 1 EL / g. (ja)
Reisnudeln 1 Paket / 250g. (ja)
Wasser 1 Liter / g. (ja)
Basilikum 1 EL / 3g. (ja)
Soja Tofu 500 g. / 500g. (ja)

Kochanleitung:
Für die Marinade: Tamari-Soße, Reiswein, Zucker, zerdrückten Knoblauch, Frühlingszwiebel, geriebenen Ingwer, gehackten Basilikum und das Rapsöl in einer mittelgroßen Schüssel miteinander vermengen. Den Tofu hineingeben und mindestens 1 Std. in der Marinade ziehen lassen. Die Zuckerschoten in einer Pfanne zugedeckt mit wenig Wasser 5 Min. leicht andünsten, den Spinat zufügen und nochmals 3 Min. weiterdünsten. Die Reisnudeln nach Herstellerangaben kochen, abtropfen lassen, mit warmem Wasser nochmals abspülen und abtropfen lassen. Den Grill oder Backofengrill vorheizen, den Tofu von beiden Seiten jeweils 5 Min. grillen und beiseite stellen. Die Nudeln auf den Tellern anrichten, das Gemüse rundherum aufteilen und den Tofu über die Nudeln geben. Mit der Marinade übergießen.

3.30 Gelbe Linsensuppe

Stärkt Milz, Herz und Nieren, harntreibend, beruhigt den Magen, fördert Verdauung, stärkt Immunsystem, beugt Krebs vor, reduziert Strahlenverletzungen, regt Leberfunktion an, antioxidativ.

Anzahl Portionen: 7
Kalorien p. Portion 155
Gramm p. Portion 324
Kochdauer ca. 20 min.
Allergene: A
(Kohlehydrat:73% / Eiweiß & Fett:27%)
100g.≈ Eiweiß 7,59g. Fett:1,91g.
µg. - Ph:0,84 Na:1,47 Ka:3,19 Mg:0,35 Ca:0,64 Fe:0,02 Zn:0,01 Col.:0 Hsr.:1,11

Zutaten:
Linsen gelb 1/2 Kg. / 500g. (ja)
Karotte (Mohrrübe, Möhre) 2 Stück / 150g. (empfehlenswert)
Kohlrabi 1 Stück / 300g. (ja)
Zwiebel weiss 1 Stück / 50g. (ja)
Petersilie 1/2 Bund / 100g. (empfehlenswert)
Kurkuma (Gelbwurz) 1 Prise / 1g. (empfehlenswert)
Kardamom 1 Prise / 1g. (empfehlenswert)
Salz 1 Prise / 1g. (wenig)
Olivenöl 1 EL / 10g. (empfehlenswert)
Wasser 1 Liter / 1000g. (ja)
Zitrone Saft 1/2 Stück / 15g. (ja)
Weißbrot (Weizenbrot) 7 Scheiben / 140g. (wenig)

Kochanleitung:

Linsen gründlich in einem Sieb waschen. In einem Topf Öl erhitzen, fein geschnittene Zwiebel, in Scheiben geschnittene Karotten, in Würfel geschnittenen Kohlrabi und Gewürze kurz darin anbraten und salzen. Linsen dazugeben und mit Wasser bedeckt 20 Min. köcheln lassen. Nach Bedarf mit Wasser ergänzen und mit Salz abschmecken. Mit frischer Petersilie oder frischem grünen Koriander bestreuen und mit Zitronensaft beträufeln. Hier kann man auch rote Linsen verwenden (gleiche Kochzeit). Mit Weißbrot servieren.

3.31 Gemüse-Grieß-Suppe

Harntreibend, harmonisiert Magen und Darm, senkt Blutdruck, regt Verdauung an, reduziert Schmerzen, senkt Cholesterinspiegel, entgiftet. Gut bei Appetitlosigkeit, Blähungen, Darmentzündungen, Sodbrennen, Zwölffingerdarmgeschwüren.

Anzahl Portionen: 3
Kalorien p. Portion 199
Gramm p. Portion 459,67
Kochdauer ca. 20 Min.
Allergene: AEGL
(Kohlehydrat:78,84% / Eiweiß & Fett:21,16%)
100g.≈ Eiweiß 6,38g. Fett:7,03g.
µg. - Ph:12,79 Na:13,89 Ka:69,81 Mg:18,98 Ca:66,25 Fe:0,28 Zn:0,04 Col.:0,39 Hsr.:8,64

Zutaten:

Grundrezept für eine Gemüsebrühe 1/2 Liter / 500g. (empfehlenswert)
Kartoffel 1 Stück / 80g. (empfehlenswert)
Pastinake 1 Stück / 180g. (empfehlenswert)
Karotte (Mohrrübe, Möhre) 1 Stück / 120g. (empfehlenswert)
Sellerie Knolle 150 g. / 150g. (empfehlenswert)
Kohlrabi 1/2 Stück / 200g. (ja)
Bohnen (grün, frisch) 10 dag. / 100g. (empfehlenswert)
Weizen Gries 2 EL / 24g. (ja)
Liebstöckel 1/2 TL / 2g. (empfehlenswert)
Butter Bio 1 EL / 20g. (weniger als angegeben)
Sojasauce 1 TL / 3g. (ja)

Kochanleitung:

Vorbereitete Gemüsebrühe erhitzen und buntes Gemüse darin weich kochen. Etwas Weizengrieß einstreuen und quellen lassen. Am Schluss reichlich Liebstöckelgrün und etwas Butter unterrühren und mit Sojasoße abschmecken.

3.32 Gemüsereis

Stärkt Magen, löst Stagnation, fördert Gewichtsabnahme, stärkt Nieren und Blase, harntreibend, erwärmt den Körper von innen, reguliert Innenorganfunktionen. Gut bei Abwehrschwäche, Appetitlosigkeit, Blähungen und Bluthochdruck.

Anzahl Portionen: 3
Kalorien p. Portion 304
Gramm p. Portion 274,73
Kochdauer ca. 30 Min.
Allergene: L
(Kohlehydrat:87,6% / Eiweiß & Fett:12,4%)
100g.≈ Eiweiß 8,1g. Fett:3,41g.
µg. - Ph:35,4 Na:5,75 Ka:46,63 Mg:34,07 Ca:82,12 Fe:0,49 Zn:0,07 Col.:0 Hsr.:15,52

Zutaten:
Brokkoli 50 g. / 50g. (empfehlenswert)
Karotte (Mohrrübe, Möhre) 50 g. / 50g. (empfehlenswert)
Kohlrabi 50 g. / 50g. (ja)
Blumenkohl (Karfiol) 30 g. / 30g. (ja)
Erbsen 20 g. / 20g. (empfehlenswert)
Margarine 1 TL / 4g. (wenig)
Reis Vollkorn 200 g / 200g. (empfehlenswert)
Grundrezept für eine Gemüsebrühe 400 g. / 400g. (empfehlenswert)
Petersilie 20 g. / 20g. (empfehlenswert)
Pfeffer gemahlen 1 Prise / 0,2g. ()

Kochanleitung:
Brokkoli, Karotten und Kohlrabi in kleine Würfel schneiden und den Blumenkohl in kleine Röschen zerteilen. Die Margarine in einer Pfanne oder einem Topf erhitzen und das Gemüse darin andünsten. Anschließend den Reis zufügen, mit der Gemüsebrühe auffüllen und 15-20 Min. ausquellen lassen. In der Zwischenzeit die Petersilie fein hacken. Nach Garzeitende den Reis mit frisch gemahlenem Pfeffer und Petersilie abschmecken.

3.33 Gemüsetopf mit Tofu und Curry auf Naturreis

Harntreibend, senkt Blutzucker und Blutdruck, lindert Blähungen, unterstützt die Verdauung, enthält ideale pflanzliche Schleimstoffe, die zur Regeneration der Dünn- und Dickdarmflora wertvolle Dienste leisten, bakterizid, stärkt Immunsystem.

Anzahl Portionen: 6
Kalorien p. Portion 162
Gramm p. Portion 400,17
Kochdauer ca. 30 Min.
Allergene: E
(Kohlehydrat:56% / Eiweiß & Fett:44%)
100g.≈ Eiweiß 8,62g. Fett:6,02g.
µg. - Ph:1,42 Na:0,6 Ka:6,19 Mg:0,81 Ca:1,42 Fe:0,02 Zn:0,01 Col.:0 Hsr.:0,6

Zutaten:
Olivenöl 2 EL / 20g. (empfehlenswert)
Knoblauch 2 Zehen / 3g. (empfehlenswert)
Zwiebel weiss 1 Stück / 60g. (ja)
Curry 2 EL / 16g. (ja)
Wasser 1/2 Liter / 500g. (ja)
Speiserüben 2 Stück / 50g. (empfehlenswert)
Kürbis 1 Stück / 400g. (empfehlenswert)
Karotte (Mohrrübe, Möhre) 1 Stück / 100g. (empfehlenswert)
Pastinake 1 Stück / 150g. (empfehlenswert)
Kartoffel 1 Stück / 70g. (empfehlenswert)
Süßkartoffel 1 Stück / 70g. (ja)
Blumenkohl (Karfiol) 1/4 Stück / 250g. (ja)
Brokkoli 1/2 Stück / 250g. (empfehlenswert)
Okra 12 Stück / 200g. (ja)
Soja Tofu 1 Stück / 250g. (ja)
Basilikum 3 EL / 12g. (ja)
Salz 1 Prise / 0,5g. (wenig)

Kochanleitung:
In einer großen, schweren Kasserolle das Öl bei mittlerer Temperatur erhitzen, Knoblauch und Zwiebel dazugeben und unter ständigem Rühren anschwitzen. Mit Currypulver nach Geschmack würzen, etwa 5 Min. behutsam mitbraten und darauf achten, dass Knoblauch und Curry nicht anbrennen. Das Wasser zugießen und zum Kochen bringen. Nach und nach sämtliche Gemüse schälen, würfeln und hineingeben und dabei mit den Sorten beginnen, die die längste Garzeit benötigen. Sobald das Wasser erneut kocht, zudecken, die Wärmezufuhr drosseln und das Gemüse etwa 15 Min. köcheln lassen. Wenn es fast weich ist, Blumenkohl- und Brokkoliröschen sowie die Okra dazugeben und den

Eintopf weitere 10 bis 15 Min. garen. Während der letzten 5 Min. den Tofu hineingeben und erwärmen. Gleichzeitig den Naturreis kochen: In einem mittleren Kochtopf mit Wasser den Reis einstreuen, salzen und zugedeckt ca. 20 Min. auf kleiner Flamme kochen, vom Herd nehmen und weitere 10 Min. ziehen lassen. Den Eintopf auf dem Naturreis anrichten und mit Basilikum bestreuen.

3.34 Geröstete Hirse mit Stangensellerie

Stärkt Milz und Nieren, harntreibend, stoffwechselfördernd.

Anzahl Portionen: 2
Kalorien p. Portion 400
Gramm p. Portion 228
Kochdauer ca. 30 min
Allergene: L
(Kohlehydrat:82,09% / Eiweiß & Fett:17,91%)
100g.≈ Eiweiß 7g. Fett:2,59g.
µg. - Ph:44,42 Na:8,59 Ka:31,27 Mg:23,88 Ca:11,01 Fe:1,24 Zn:0,24 Col.:0 Hsr.:12,62

Zutaten:
Hirse 1 Tasse / 120g. (ja)
Wasser 2 Tassen / 240g. (ja)
Sellerie Stangensellerie 2 Stangen / 50g. (empfehlenswert)
Wasser 2 EL / 30g. (ja)
Kräuter verschiedene 1 EL / 10g. (ja)
Salz 1 Prise / 1g. (wenig)
Salbei 3-4 Blätter / 2g. (empfehlenswert)
Kresse 1 TL / 3g. (empfehlenswert)

Kochanleitung:
Hirse kurz anrösten, mit Wasser übergießen, kurz aufkochen und 20 Min. quellen lassen. Stangensellerie klein schneiden, mit Wasser, Salz und frischen Kräutern 10 Min. kochen und zu der Hirse geben. Frischen Salbei oder Kresse kleingehackt darüberstreuen.

3.35 Gerstenbratlinge

Verbessert Verdauung, senkt Cholesterinspiegel. Gut bei Durchfall, Geschwüren, Gliederschmerzen und Magenproblemen. Stärkt Milz, Leber und Immunsystem, senkt Blutdruck, bakterizid, beugt Krebs vor, reduziert Strahlenverletzungen.

Anzahl Portionen: 3
Kalorien p. Portion 398
Gramm p. Portion 292,67
Kochdauer ca. 1 1/2 Stunden
Allergene: ACN
(Kohlehydrat:63% / Eiweiß & Fett:37%)
100g.≈ Eiweiß 8,38g. Fett:19,69g.
µg. - Ph:7,07 Na:4,18 Ka:17,24 Mg:2,02 Ca:2,5 Fe:0,08 Zn:0,04 Col.:2,76 Hsr.:2,93

Zutaten:
Wasser 2 Tassen / 250g. (ja)
Gerstengrütze 1 Tasse / 120g. (ja)
Kartoffel 1 Stück / 140g. (empfehlenswert)
Karotte (Mohrrübe, Möhre) 1 Stück / 120g. (empfehlenswert)
Champignon 2-3 Stück / 25g. (ja)
Huhn Ei 1 Stück / 55g. (wenig)
Zwiebel weiss 1 Stück / 50g. (ja)
Ingwer frisch 1/2 TL / 1g. (empfehlenswert)
Pfeffer gemahlen 1 Prise / 0,5g. ()
Salz 1 Prise / 1g. (wenig)
Zitrone 1/2 Stück / 15g. (ja)
Petersilie 2 EL / 15g. (empfehlenswert)
Paprika (Rosenpaprikapulver) 1 Prise / 1g. (ja)
Sesamöl 2-3 EL / 50g. (wenig)
Brötchen (Semmel) 1 Stück / 35g. (wenig)

Kochanleitung:
Vorbereitung: 2 große Tassen heißes Wasser in einen Topf geben, 1 große Tasse Thermo-Gerstengrütze dazugeben und 2 Min. unter Rühren köcheln lassen. Dann 20 Min. auf der ausgeschalteten Herdplatte quellen lassen, herunternehmen und abkühlen lassen. Eine große Kartoffel kleinschneiden und in Wasser kochen. Brötchen in heißem Wasser einweichen und dann gut ausdrücken. Danach die Gerstengrütze, die zerdrückte Kartoffel und das Brötchen vermengen und folgendes zufügen: 1 geraspelte Karotte, 2-3 kleingehackte Champignons, 1 Ei, 1 fein gehackte Zwiebel, ½ TL geriebenen Ingwer, je eine Prise Salz und Pfeffer, etwas Zitronensaft, gehackte Petersilie und reichlich Rosenpaprika. Alles gut durchkneten und Bratlinge formen. In einer heißen Pfanne Sesamöl erhitzen und die Bratlinge

etwa 15 Min. bei schwacher Hitze ausbacken. Nach der Hälfte der Zeit wenden. Dazu passt: Blattsalat, Sojasprossengemüse.

3.36 Grießsuppe mit Gemüse

Senkt Blutdruck, stärkt Immunsystem, beugt Krebs vor, stärkt Magen, löst Stagnation, fördert Gewichtsabnahme. Gut bei Abwehrschwäche, Appetitlosigkeit, Blähungen, Bluthochdruck, Depressionen, Diabetes, Durchfall, Rheuma, Sodbrennen, Zwölffingerdarmgeschwür.

Anzahl Portionen: 3
Kalorien p. Portion   106
Gramm p. Portion   237,7
Kochdauer ca.   20 Min.
Allergene: AGL
(Kohlehydrat:85,32% / Eiweiß & Fett:14,68%)
100g.≈ Eiweiß 2,38g. Fett:4,25g.
µg. - Ph:8,65 Na:9,11 Ka:25,61 Mg:28,49 Ca:112,45 Fe:0,33 Zn:0,03 Col.:0 Hsr.:5,1

Zutaten:
Grundrezept für eine Gemüsebrühe 1/2 Liter / 500g. (empfehlenswert)
Weizen Gries 2 EL / 20g. (ja)
Liebstöckel 1/2 TL / 2g. (empfehlenswert)
Basilikum (frisch) 1/2 TL / 1g. (empfehlenswert)
Muskatnuss 1 Prise / 0,1g. (empfehlenswert)
Karotte (Mohrrübe, Möhre) 100 g. / 100g. (empfehlenswert)
Sellerie Knolle 50 g. / 50g. (empfehlenswert)
Sahne, süß 30% 3 EL / 30g. (weniger als angegeben)
Petersilie 1 EL / 10g. (empfehlenswert)

Kochanleitung:
Grieß ohne Fett in einer Pfanne anrösten. Kleingeschnittene Karotten und Sellerie kurz mitrösten. Mit der Gemüsesuppe aufgießen, mit Liebstöckel und Muskatnuss würzen und 10 Min. köcheln lassen. Vor dem Servieren die Sahne einrühren und mit Petersilie garnieren.

3.37 Grundrezept für eine Fischbrühe

Kräftigt Nieren, harntreibend, senkt Blutdruck, bakterizid, stärkt Immunsystem, beugt Krebs vor, reduziert Strahlenverletzungen, fördert Durchblutung, ist cholesterinarm, eiweißreich und regt Appetit an.

Anzahl Portionen: 5
Kalorien p. Portion 128
Gramm p. Portion 243,8
Kochdauer ca. 40 min.
Allergene: DLO
(Kohlehydrat:33,81% / Eiweiß & Fett:66,19%)
100g.≈ Eiweiß 9,81g. Fett:5,2g.
µg. - Ph:14,91 Na:7,09 Ka:31,5 Mg:2,39 Ca:4,63 Fe:0,11 Zn:0,02 Col.:0,01 Hsr.:11,94

Zutaten:
Fischstücke gemischt (Süßwasser) 300 g. / 300g. (ja)
Sellerie Knolle 120 g. / 120g. (empfehlenswert)
Lauch (Porree) 5 cm / 10g. (ja)
Karotte (Mohrrübe, Möhre) 2 Stück / 150g. (empfehlenswert)
Weißwein 1/8 Liter / 125g. (ja)
Zitrone 1/2 Stück / 50g. (ja)
Lorbeerblatt 2 Blätter / 2g. (empfehlenswert)
Pfeffer Körner 3 Stück / 2g. (ja)
Olivenöl 1 EL / 10g. (empfehlenswert)
Wasser 1/2 Liter / 450g. (ja)

Kochanleitung:
Kleingeschnittenen Sellerie, Karotten und Lauch in Olivenöl andünsten, Lorbeerblatt und Pfefferkörner zugeben, Fischstücke zufügen und kurz mitdünsten. Mit Wasser ablöschen, wenig Weißwein oder Zitrone zugeben und 30 Min. leise köcheln lassen. Mehrmals den entstehenden Schaum abschöpfen. Am Ende die Zutaten durch ein Sieb abseihen.

3.38 Grundrezept für eine nahrhafte Gemüsebrühe

Senkt Blutdruck und Blutfett, bakterizid, stärkt Immunsystem, beugt Krebs vor, stärkt Magen, löst Stagnation, fördert Gewichtsabnahme, hilft bei Appetitlosigkeit, Blähungen, Bluthochdruck, Depressionen, Diabetes, Durchfall.

Anzahl Portionen: 5
Kalorien p. Portion 48
Gramm p. Portion 240,6
Kochdauer ca. 2-3 Stunden
Allergene: L
(Kohlehydrat:71,3% / Eiweiß & Fett:28,7%)
100g.≈ Eiweiß 1,57g. Fett:1,31g.
µg. - Ph:4,86 Na:3,67 Ka:25,68 Mg:1,8 Ca:6,32 Fe:0,1 Zn:0,01 Col.:0 Hsr.:2,78

Zutaten:
Olivenöl 1 EL / 4g. (empfehlenswert)
Zwiebel weiss 1 Stück / 60g. (ja)
Karotte (Mohrrübe, Möhre) 3 Stück / 200g. (empfehlenswert)
Pastinake 150 g. / 150g. (empfehlenswert)
Sellerie Knolle 1 Tasse / 100g. (empfehlenswert)
Ingwer frisch 1/2 TL / 2g. (empfehlenswert)
Zitrone 1/2 Stück / 25g. (ja)
Wacholderbeere 6 Stück / 6g. (empfehlenswert)
Thymian getrocknet 1 Prise / 1g. (empfehlenswert)
Liebstöckel 1 EL / 3g. (empfehlenswert)
Lorbeerblatt 2 Blätter / 1g. (empfehlenswert)
Salz 1 Prise / 1g. (wenig)
Wasser 3/4 Liter / 650g. (ja)

Kochanleitung:
Gemüse würfelig schneiden. Öl in einem Topf erhitzen, die Zwiebel und das Gemüse darin anbraten, Ingwer und Lorbeer zugeben. Mit kaltem Wasser aufgießen, Zitronensaft zufügen und mit Wacholder, Thymian und Liebstöckel würzen. 2-3 Std. auf kleiner Stufe zugedeckt köcheln lassen. Brühe durch ein Sieb streichen und im Kühlschrank aufbewahren. Sie dient als Suppengrundlage und verfeinert Gemüse, Hülsenfrüchte oder Getreide.

3.39 Grundrezept für eine Rinderbrühe (klar)

Stärkt Muskeln, Sehnen und Knochen, senkt Blutdruck, bakterizid, stärkt Immunsystem, beugt Krebs vor, reduziert Strahlenverletzungen, regt Verdauung an, reduziert Schmerzen, fördert Verdauung. Harntreibend, stillt Blutung. Rosmarin fördert Verdauung.

Anzahl Portionen: 10
Kalorien p. Portion 114
Gramm p. Portion 276
Kochdauer ca.   4-8 Stunden
Allergene: O
(Kohlehydrat:22,24% / Eiweiß & Fett:77,76%)
100g.≈ Eiweiß 12,22g. Fett:4,1g.
µg. - Ph:5,14 Na:3,08 Ka:13,39 Mg:1,06 Ca:2,52 Fe:0,09 Zn:0,01 Col.:0,14 Hsr.:3,57

Zutaten:
Rind Suppenfleisch 500 g. / 500g. (wenig)
Rind Fleischknochen 200 g. / 200g. (wenig)
Essig (Rotweinessig) 1 Schuss / 3g. (ja)
Wacholderbeere 8 Stück / 6g. (empfehlenswert)
Rosmarin 1 Prise / 1g. (ja)
Karotte (Mohrrübe, Möhre) 3 Stück / 210g. (empfehlenswert)
Pastinake 2 Stück / 300g. (empfehlenswert)
Lauch (Porree) 1 Stück / 200g. (ja)
Ingwer frisch 1/2 TL / 5g. (empfehlenswert)
Liebstöckel 1 Stiel / 15g. (empfehlenswert)
Nelke 2 Stück / 2g. (empfehlenswert)
Piment 6 Stück / 12g. (ja)
Anis (gemeiner Fenchel) 2 Stück / 1g. (empfehlenswert)
Salz 1 TL / 5g. (wenig)
Wasser 1 1/2 Liter / 1300g. (ja)

Kochanleitung:
Rotweinessig, Wacholderbeeren, Rosmarin, Knochen und Fleisch in
Wasser zum Kochen bringen. Karotten, Pastinaken, Lauch, Ingwer,
Liebstöckelgrün, Nelken, Piment, Sternanis und etwas Salz zufügen
und alles 4-8 Std. köcheln und dann abseihen. Brühe im Kühlschrank
aufbewahren.

3.40 Gurkensalat

Gurke kühlt und befeuchtet, entgiftet, unterdrückt Umwandlung von
Zucker in Fett, senkt Cholesterinspiegel, beugt Krebs vor, ist
harntreibend. Dill wirkt gegen Blähungen, ist krampflösend bei Magen-
Darm-Beschwerden.

Anzahl Portionen: 2
Kalorien p. Portion 27
Gramm p. Portion 206
Kochdauer ca. 5 min.
Allergene: O
(Kohlehydrat:68% / Eiweiß & Fett:32%)
100g.≈ Eiweiß 1,61g. Fett:0,4g.
µg. - Ph:5,92 Na:2,32 Ka:35,15 Mg:2,16 Ca:4,03 Fe:0,12 Zn:0,05 Col.:0 Hsr.:1,94

Zutaten:
Gurke 1 Stück / 400g. (ja)
Salz 1 Prise / 1g. (wenig)
Dill 1 Prise / 1g. (empfehlenswert)
Essig (Apfelessig) 1 EL / 10g. (empfehlenswert)

Kochanleitung:
Bio-Gurke mit Schale, konventionelle Gurke schälen, dünn schneiden und würzen.

3.41 Gurkensuppe

Kühlt und befeuchtet, harntreibend, entgiftend, unterdrückt Umwandlung von Zucker in Fett, senkt Cholesterinspiegel, beugt Krebs vor, fördert Verdauung, schweißtreibend, reduziert Wind, gegen Hefepilzinfektionen.

Anzahl Portionen: 4
Kalorien p. Portion 96
Gramm p. Portion   235,38
Kochdauer ca.   20 min.
Allergene: M
(Kohlehydrat:22,18% / Eiweiß & Fett:77,82%)
100g.≈ Eiweiß 0,92g. Fett:9,03g.
µg. - Ph:2,67 Na:1,28 Ka:15,59 Mg:1,17 Ca:2,57 Fe:0,06 Zn:0,01 Col.:0 Hsr.:0,85

Zutaten:
Olivenöl 2 EL / 35g. (empfehlenswert)
Gurke 2 Stück / 400g. (ja)
Wasser 1/2 Liter / 500g. (ja)
Salbei 3 Blätter / 3g. (empfehlenswert)
Senf 1/2 TL / 0,5g. (ja)
Koriander 1 Prise / 1g. (empfehlenswert)
Kardamom 1 Prise / 1g. (empfehlenswert)
Salz 1 Prise / 1g. (wenig)

Kochanleitung:
Öl erhitzen und die klein geschnittenen Gurken kurz darin anbraten. Senfkörner, Koriander, Kardamom und Salz dazugeben und kurz mitbraten. Mit dem Wasser übergießen und 10-15 Min. köcheln lassen. Pürieren und mit frisch gehacktem Salbei garnieren.

3.42 Heilbutt mit Tomaten-Knoblauch-Soße

Fördert Verdauung, hilft Fett zu verdauen, harntreibend, senkt Blutdruck, liefert wertvolle Omega-3 Fettsäuren. Gut bei Rheuma, Blähungen, Blasenschwäche, Blutarmut, Bluthochdruck, Depressionen, Diabetes, Durchfall.

Anzahl Portionen: 5
Kalorien p. Portion 319
Gramm p. Portion 297,6
Kochdauer ca. 45 Min.
Allergene: D
(Kohlehydrat:35,73% / Eiweiß & Fett:64,27%)
100g.≈ Eiweiß 34,97g. Fett:9,44g.
µg. - Ph:24,12 Na:43,88 Ka:35,39 Mg:5,15 Ca:4,4 Fe:0,11 Zn:0,01 Col.:0,82 Hsr.:23,91

Zutaten:
Reis Sorte beliebig 1 Tasse / 120g. (ja)
Wasser 6 Tassen / 240g. (ja)
Salz 1 Prise / 1g. (wenig)
Heilbutt 1 Kg / 800g. (ja)
Salz 1 Prise / 1g. (wenig)
Pfeffer gemahlen 1 Prise / 0,5g. ()
Zitrone Saft 1 Spritzer / 2g. (ja)
Lorbeerblatt 2 Stück / 2g. (empfehlenswert)
Zitrone 1 Stück / 30g. (ja)
Knoblauch 8 Stück / 10g. (empfehlenswert)
Thymian getrocknet 1 EL / 5g. (empfehlenswert)
Oliven 75 g. / 75g. (ja)
Tomate 4 Stück / 200g. (empfehlenswert)
Salz 1 Prise / 1g. (wenig)
Pfeffer gemahlen 1 Prise / 0,5g. ()

Kochanleitung:
Reis im Salzwasser gar kochen. Den Fisch unter fließend kaltem Wasser abspülen, mit Küchenkrepp abtupfen und mit Salz, Pfeffer und Zitronensaft einreiben. Die Fischfilets in eine Auflaufform legen und mit Stücken der Lorbeerblätter belegen Die Zitrone heiß abwaschen und in Spalten schneiden, den Knoblauch schälen und halbieren. Die Oliven darauf verteilen und mit Thymian bestreuen. Die Tomaten mit heißem Wasser überbrühen, häuten und grob würfeln. Alle Zutaten mischen, mit Salz und Pfeffer würzen und um den Fisch herum verteilen. Alles bei 200 Grad (Umluft 180, Gas Stufe 3) ca. 20 Min. garen. Mit dem Reis anrichten. Zu diesem wohlschmeckenden Fischgericht passt ein gemischter Salat.

3.43 Herzhafter Polentabrei

Stärkt Milz und Magen, harntreibend, fördert Verdauung, entgiftet, treibt Schweiß, reduziert Blutfett, regt an, löst Stagnation, fördert Appetit.

Anzahl Portionen: 2
Kalorien p. Portion 262
Gramm p. Portion   207,5
Kochdauer ca.   10 Min.
(Kohlehydrat:80% / Eiweiß & Fett:20%)
100g.≈ Eiweiß 5,65g. Fett:5,94g.
µg. - Ph:6,71 Na:0,73 Ka:11,2 Mg:2,2 Ca:2,17 Fe:0,09 Zn:0,05 Col.:0 Hsr.:2,46

Zutaten:
Mais Gries (Polenta) 1 Tasse / 120g. (ja)
Zwiebel Frühlingszwiebel 2 Stück / 40g. (ja)
Ingwer frisch 1/2 TL / 2g. (empfehlenswert)
Muskatnuss 1 Prise / 1g. (empfehlenswert)
Salz 1 Prise / 1g. (wenig)
Olivenöl 1 EL / 10g. (empfehlenswert)
Kurkuma (Gelbwurz) 1 Prise / 1g. (empfehlenswert)
Wasser 2 Tassen / 240g. (ja)

Kochanleitung:
Polenta in kochendes Wasser einrühren und quellen lassen.
Frühlingszwiebel, geriebenen Ingwer, Kurkuma, Muskat, Salz und Olivenöl zugeben und weiter ziehen lassen.

3.44 Hirse mit Birnen

Erfrischend und nährend, fördert Verdauung, harntreibend, stillt Husten, treibt Schweiß, senkt Blutfett, regt an, löst
Stagnation, baut Leber auf, stärkt Muskeln, befeuchtet Darm, senkt Cholesterinspiegel, antiparasitär.

Anzahl Portionen: 5
Kalorien p. Portion 213
Gramm p. Portion   238,4
Kochdauer ca.   35 Min.
Allergene: G
(Kohlehydrat:85,54% / Eiweiß & Fett:14,46%)
100g.≈ Eiweiß 3,91g. Fett:3,24g.
µg. - Ph:9,48 Na:0,56 Ka:21,43 Mg:4,96 Ca:2,64 Fe:0,24 Zn:0,02 Col.:0 Hsr.:3,84

Zutaten:
Hirse 1 Tasse / 120g. (ja)
Wasser 2 Tassen / 200g. (ja)
Traubensaft rot 2 Tassen / 240g. (wenig)
Birne 4 Stück / 600g. (ja)
Ingwer frisch 1/2 TL / 2g. (empfehlenswert)
Salz 1 Prise / 1g. (wenig)
Acerola Fruchtnektar oder Pulver 1 TL / 2g. (ja)
Kakao 1 Prise / 1g. (ja)
Sonnenblumenkerne 2 EL / 4g. (ja)
Gerstenmalz 1/2 TL / 2g. (ja)
Sahne, süß 30% 2 TL / 20g. (weniger als angegeben)

Kochanleitung:
Hirse in heißem Wasser aufsetzen und gar kochen. Danach:
Traubensaft im Topf erwärmen und kleingeschnittene Birnen, sehr
wenig geriebenen Ingwer, eine kleine Prise Salz, Acerola und eine
Prise Kakao dazugeben und kurz andünsten. Die gekochte Hirse,
Sonnenblumenkerne, etwas Gerstenmalz nach Belieben, 1 TL Sahne
pro Portion oder etwas Butter untermengen und erhitzen.

3.45 Humus

Entspannt bei Brustdruckgefühl, befeuchtet trockene Haut, hilft bei
Inkontinenz, wirkt antioxidativ. Regt Leberfunktion an, entgiftet,
stimuliert das Immunsystem, regt an, löst Stagnation.

Anzahl Portionen: 2
Kalorien p. Portion 542
Gramm p. Portion 141
Kochdauer ca.   2 Stunden
Allergene: N
(Kohlehydrat:64% / Eiweiß & Fett:36%)
100g.≈ Eiweiß 24,03g. Fett:17,08g.
µg. - Ph:42,31 Na:10,88 Ka:27,9 Mg:26,09 Ca:27,87 Fe:1,27 Zn:0,62 Col.:0,02 Hsr.:75,99

Zutaten:
Kichererbsen 2 Tassen / 240g. (ja)
Wakame 1 TL zerrieben / 2g. (empfehlenswert)
Ingwer frisch 1/4 TL / 1g. (empfehlenswert)
Rosmarin 1 Prise / 0,5g. (ja)
Sesam Paste (Tahini) 1 EL / 10g. (wenig)
Olivenöl 2 EL / 20g. (empfehlenswert)
Zitrone Saft 1 Spritzer / 2g. (ja)
Wasser nach Bedarf / g. (ja)
Knoblauch 1 Zehe geschabt / 2g. (empfehlenswert)

Petersilie 1 TL gehackte / 2g. (empfehlenswert)
Paprika 1 Prise / 0,2g. (ja)
Koriander 1 Prise / 0,2g. (empfehlenswert)
Kardamom 1 Prise / 0,2g. (empfehlenswert)
Chili (Schote oder gemahlen) 1 Prise / 0,2g. (ja)
Pfeffer gemahlen 1 Prise / 0,2g. ()
Salz Kräutersalz 1/2 TL / 2g. (wenig)

Kochanleitung:
Kichererbsen mindestens 6 Std. einweichen, Einweichwasser
weggießen und in frischem Wasser ca. 1-1,5 Std. mit Wakame und
Ingwer kochen, erkalten lassen und einige Spritzer Zitronensaft und
Petersilie zufügen. Kleingeschnittenen oder gepressten Knoblauch
zugeben und mit Pfeffer, je nach Geschmack mehr oder weniger
Koriander- und Kardamompulver und etwas Chili würzen und mit Tahin
und Olivenöl abrunden. Alle Zutaten pürieren, je nach Konsistenz
Wasser zugeben, bis eine geschmeidige Paste entsteht. Auf
Getreideküchlein, Cracker oder getoastetes Brot streichen oder zu
Salat genießen.

3.46 Karotten-Kartoffel-Rucola Brötchen

Lindert Entzündungen, verbessert Verdauung, harntreibend, senkt
Cholesterinspiegel, stärkt Immunsystem, beugt Krebs vor, löst
Verstopfung (ballaststoffreich), löst Stagnation.
Anzahl Portionen: 4
Kalorien p. Portion 94
Gramm p. Portion   116,25
Kochdauer ca.   20 Min.
Allergene: AG
(Kohlehydrat:55% / Eiweiß & Fett:45%)
100g.≈ Eiweiß 2,68g. Fett:2,83g.
µg. - Ph:4,15 Na:4,56 Ka:16,7 Mg:1,23 Ca:1,78 Fe:0,06 Zn:0,03 Col.:0,25 Hsr.:1,27

Zutaten:
Kartoffel (mehlige) 200 g / 200g. (empfehlenswert)
Karotte (Mohrrübe, Möhre) 1 Stück / 50g. (empfehlenswert)
Sauerrahm 15% Fett 3 EL / 45g. (ja)
Zwiebel Frühlingszwiebel 1 Stück / 20g. (ja)
Rucola Rauke 1/2 Bund / 100g. ()
Zitrone Schale 1/4 TL / 1g. (ja)
Salz 1 Prise / 1g. (wenig)
Pfeffer gemahlen 1 Prise / 0,2g. ()
Vollkornbrot 8 Scheiben / 48g. (empfehlenswert)

Kochanleitung:
Kartoffeln in der Schale weich kochen, abziehen und durch die Kartoffelpresse drücken. Gemüsebrühe nach Grundrezept kochen und eine Karotte nach kurzer Garzeit herausnehmen und mit der Gabel fein zerdrücken. Kartoffeln, Karotten, abgeriebene Zitronenschale und Sauerrahm zu einer glatten Creme verrühren. Karotten-Kartoffel-Creme mit fein geschnittenem Rucola verrühren. Den Aufstrich mit Salz und Pfeffer abschmecken und die Brote bestreichen. Mit den fein geschnittenen Jungzwiebeln bestreuen.

3.47 Kartoffel-Basilikumsuppe

Lindert Entzündungen, fördert Verdauung, harntreibend, senkt Cholesterinspiegel und Blutdruck, bakterizid, stärkt Immunsystem, beugt Krebs vor, reduziert Strahlenverletzungen, antioxidativ, löst Stagnation.

Anzahl Portionen: 4
Kalorien p. Portion 96
Gramm p. Portion   330,12
Kochdauer ca.   25 min.
Allergene: L
(Kohlehydrat:68,68% / Eiweiß & Fett:31,32%)
100g.≈ Eiweiß 3,24g. Fett:2,99g.
µg. - Ph:7,65 Na:13,39 Ka:52,12 Mg:2,43 Ca:11,65 Fe:0,11 Zn:0,01 Col.:0 Hsr.:7,59

Zutaten:
Wasser 500 ml / 450g. (ja)
Kartoffel 4 Stück / 200g. (empfehlenswert)
Karotte (Mohrrübe, Möhre) 2 Stück / 100g. (empfehlenswert)
Sellerie Knolle 1 Stück / 500g. (empfehlenswert)
Pfeffer gemahlen 1 Prise / 0,5g. ()
Kümmel 1 Prise / 1g. (ja)
Knoblauch 1 Zehe / 3g. (empfehlenswert)
Salz 1 Prise / 1g. (wenig)
Zitrone 1 TL / 3g. (ja)
Basilikum (frisch) 1 Bund / 50g. (empfehlenswert)
Paprika (Rosenpaprikapulver) 1 Prise / 1g. (ja)
Zucker Ursüße (Zuckerrohr) süß 1 Prise / 1g. (wenig)
Olivenöl 1 EL / 10g. (empfehlenswert)

Kochanleitung:
4 mittelgroße Kartoffeln, 2 mittelgroße Karotten und 1 Stück Knollensellerie geschält und kleingeschnitten in heißes Wasser geben und zusammen mit einer Prise Pfeffer und Salz, einer Prise gemahlenem Kümmel, einer kleinen zerdrückten Knoblauchzehe und 1

TL Zitronensaft köcheln, bis das Gemüse weich ist. Von 1 Bund Basilikum (fein gehackt) eine Hälfte in die Suppe geben und alles pürieren. Die andere Hälfte anschließend unterrühren und mit Rosenpaprika, einer Prise Vollrohrzucker, 1 EL Olivenöl oder Butter, frisch gemahlenem Pfeffer und Salz abschmecken.

3.48 Kartoffeln mit Bärlauch-Quark

Verbessert Verdauung, regeneriert Haut, harntreibend, senkt Cholesterinspiegel, verbessert die Fließeigenschaften des Blutes. Hilft bei Magendruck, Aufstoßen, Diabetes, akuter oder chronischer Verstopfung des Darmes.

Anzahl Portionen: 2
Kalorien p. Portion 254
Gramm p. Portion 300,55
Kochdauer ca. 20 Min.
Allergene: G
(Kohlehydrat:39,12% / Eiweiß & Fett:60,88%)
100g.≈ Eiweiß 17,32g. Fett:25,36g.
µg. - Ph:51,99 Na:11,2 Ka:120,4 Mg:8,19 Ca:31,89 Fe:0,2 Zn:0,1 Col.:1,71 Hsr.:4,02

Zutaten:
Kartoffel 300 g. / 300g. (empfehlenswert)
Salz 1 Prise / 0,1g. (wenig)
Bärlauch (Knoblauchspinat) 2 Handvoll / 30g. (empfehlenswert)
Topfen (Quark) 20% 250 g. / 250g. (empfehlenswert)
Joghurt (natur, 1,5 % Fett) 2 EL / 20g. (empfehlenswert)
Salz 1 Prise / 1g. (wenig)

Kochanleitung:
Kartoffeln in Salzwasser kochen und schälen. Die Bärlauchblätter werden gewaschen, vorsichtig abgetrocknet und in feine Streifen geschnitten. Quark, Joghurt und Salz verrühren und zuletzt den Bärlauch untermischen. Zu den Kartoffeln servieren. In der Jahreszeit, in der kein Bärlauch wächst, kann das Bärlauch-Pesto verwendet werden.

3.49 Kartoffeln mit Löwenzahnsalat

Stärkt Milz, lindert Entzündungen, regeneriert Haut, harntreibend, senkt Cholesterinspiegel, entgiftet, stärkt Magen und Verdauungssystem, bakterizid, löst Stagnation.

Anzahl Portionen: 2
Kalorien p. Portion 162
Gramm p. Portion 203,25
Kochdauer ca. 25 min.
(Kohlehydrat:70,33% / Eiweiß & Fett:29,67%)
100g.≈ Eiweiß 4,28g. Fett:5,59g.
µg. - Ph:26,55 Na:13,01 Ka:175,89 Mg:11,87 Ca:27,38 Fe:0,61 Zn:0,14 Col.:0,01 Hsr.:14,21

Zutaten:
Kartoffel 250 g. / 250g. (empfehlenswert)
Zwiebel weiss 1/2 Stück / 20g. (ja)
Sonnenblumenöl 1 EL / 10g. (wenig)
Löwenzahn (junger) 125 g. / 125g. (empfehlenswert)
Salz 1 Prise / 1g. (wenig)
Pfeffer weiss (gemahlen) 1 Prise / 0,5g. (ja)

Kochanleitung:
Die Kartoffeln in Salzwasser garen und in dünne Scheiben schneiden. Löwenzahnblätter klein schneiden. Feingehackte Zwiebel und Öl dazugeben, mit Salz und Pfeffer würzen und alles vermischen.

3.50 Kohlrabi in Kerbelsoße mit Kartoffeln

Lindert Entzündungen, senkt Cholesterinspiegel, harntreibend, leitet Darmwinde ab, stärkt Immunsystem, beugt Krebs vor, fördert Gewichtsabnahme. Gut bei Appetitlosigkeit, Blähungen, Bluthochdruck, Depressionen, Diabetes, Durchfall.

Anzahl Portionen: 4
Kalorien p. Portion 188
Gramm p. Portion 316,85
Kochdauer ca. 1 Stunde
Allergene: GL
(Kohlehydrat:79,34% / Eiweiß & Fett:20,66%)
100g.≈ Eiweiß 8,67g. Fett:2,51g.
µg. - Ph:11,79 Na:4,12 Ka:100,2 Mg:13,9 Ca:60,61 Fe:0,16 Zn:0,02 Col.:0,06 Hsr.:3,63

Zutaten:
Kartoffel 6 Stück / 450g. (empfehlenswert)
Grundrezept für eine Gemüsebrühe 300 ml. / 300g. (empfehlenswert)
Kartoffel 100 g. / 100g. (empfehlenswert)
Muskatnuss 1 Prise / 0,2g. (empfehlenswert)
Zitrone Schale 1/2 TL / 2g. (ja)
Ingwer frisch 1/2 TL / 2g. (empfehlenswert)
Liebstöckel 1/2 TL / 2g. (empfehlenswert)
Kohlrabi 300 g. / 300g. (ja)
Salz 1 Prise / 1g. (wenig)
Pfeffer gemahlen 1 Prise / 0,2g. ()
Sauerrahm 15% Fett 3 EL / 30g. (ja)
Kerbel getrocknet 1 Bund / 80g. (empfehlenswert)

Kochanleitung:
Die 6 Kartoffeln in Salzwasser weich kochen. Die Hälfte der
Gemüsebrühe zum Kochen bringen. 100G gewürfelte Kartoffeln,
Muskat, Zitronenschale, Ingwer und Liebstöckel dazugeben. Kartoffeln
zugedeckt ca. 10 Min. weich kochen und alles mit dem Mixstab zu einer
glatten Soße pürieren. Restliche Gemüsebrühe zum Kochen bringen.
Kohlrabi in Würfel schneiden, zufügen und zugedeckt ca. 8 Min.
kochen. Die Kartoffelsoße unterrühren und alles kurz erhitzen. Mit dem
Mixstab Kerbel und Sauerrahm fein pürieren. Die Kerbelcreme mit dem
Kohlrabigemüse vermischen und mit den gekochten und geschälten
Kartoffeln anrichten.

3.51 Kompott aus Äpfeln

Apfel (süß) stoppt Durchfall, fördert Verdauung, regt Appetit an,
harmonisiert Magen, erwärmt Magen und Milz, fördert Durchblutung.
Anzahl Portionen: 2
Kalorien p. Portion 67
Gramm p. Portion 220,5
Kochdauer ca. 10 Min.
(Kohlehydrat:95,64% / Eiweiß & Fett:4,36%)
100g.≈ Eiweiß 0,24g. Fett:0,46g.
µg. - Ph:2,81 Na:1,03 Ka:36,45 Mg:1,81 Ca:4,33 Fe:0,13 Zn:0,03 Col.:0 Hsr.:3,74

Zutaten:
Apfel (süß) 1 Stück / 220g. (empfehlenswert)
Wasser 2 Tassen / 220g. (ja)
Zimtpulver 1 Prise / 1g. (empfehlenswert)

Kochanleitung:
Bio-Apfel mit Schalen und Kernen klein geschnitten im Wasser weich

kochen und mit Zimt bestreuen.

3.52 Kompott aus Heidelbeeren

Abführend, baut Blut auf, antibakterielle Wirkung, erwärmt Magen und Milz, fördert Durchblutung.

Anzahl Portionen: 1
Kalorien p. Portion 49
Gramm p. Portion 224
Kochdauer ca.   10 Min.
Allergene:
(Kohlehydrat:88% / Eiweiß & Fett:12%)
100g.≈ Eiweiß 0,7g. Fett:0,6g.
µg. - Ph:5,83 Na:0,99 Ka:32,83 Mg:1,45 Ca:9,02 Fe:0,32 Zn:0,1 Col.:0 Hsr.:8,93

Zutaten:
Heidelbeere 100 g. / 100g. (empfehlenswert)
Wasser 1 Tasse / 120g. (ja)
Zimtpulver 1 Prise / 0,1g. (empfehlenswert)
Zitrone Schale 1 Prise / 1g. (ja)
Zucker Ursüße (Zuckerrohr) süß 1 TL / 3g. (wenig)

Kochanleitung:
Heidelbeeren weich kochen und mit Zucker, Zimt und geriebener Zitronenschale (bio) bestreuen.

3.53 Kürbiscurry

Fördert Verdauung und Schwitzen, löst Stagnation, reduziert Wind, stärkt Lunge und Milz, reduziert Blutzucker, stärkt Magen, Verdauungssystem, Muskeln und Knochen, ist harntreibend und entgiftend.

Anzahl Portionen: 3
Kalorien p. Portion 193
Gramm p. Portion 251
Kochdauer ca.   20 Min.
(Kohlehydrat:63% / Eiweiß & Fett:37%)
100g.≈ Eiweiß 2,72g. Fett:10,61g.
µg. - Ph:5,14 Na:0,86 Ka:16,34 Mg:2,68 Ca:2,29 Fe:0,06 Zn:0,02 Col.:0 Hsr.:1,54

Zutaten:
Kürbis 300 g. / 300g. (empfehlenswert)
Olivenöl 2 EL / 30g. (empfehlenswert)
Koriander 1 Prise / 1g. (empfehlenswert)
Pfeffer gemahlen 1 Prise / 0,5g. ()
Curry 1 Prise / 1g. (ja)
Wasser 50 ml / 50g. (ja)

Salz 1 Prise / 1g. (wenig)
Petersilie 1 EL / 7g. (empfehlenswert)
Kardamom 1 Prise / 1g. (empfehlenswert)
Kurkuma (Gelbwurz) 1 Prise / 1g. (empfehlenswert)
Reis Vollkorn 1/2 Tasse / 60g. (empfehlenswert)
Wasser 3 Tassen / 300g. (ja)
Salz 1 Prise / 1g. (wenig)

Kochanleitung:
Olivenöl in einer Pfanne erhitzen, in Würfel geschnittenen Kürbis darin
andünsten, mit Koriander, Pfeffer und Curry würzen und mit wenig
Wasser ablöschen. Meersalz zufügen, klein geschnittene Petersilie
zugeben und mit Kardamom und Kurkuma abrunden. Auf kleinem
Feuer ca. 10 Min. je nach Kürbisart köcheln; er sollte noch bissfest sein.
Den Reis in gesalzenem Wasser aufkochen und auf kleiner Stufe ca. 15
Min. quellen lassen.

3.54 Kürbis-Joghurt-Suppe

Befeuchtet, entspannt, senkt Blutdruck, stärkt Immunsystem, fördert
Gewichtsabnahme. Gut bei Abwehrschwäche, Appetitlosigkeit,
Blähungen, Depressionen, Diabetes, Durchfall.
Anzahl Portionen: 4
Kalorien p. Portion 68
Gramm p. Portion 239
Kochdauer ca. 15 Min.
Allergene: GL
(Kohlehydrat:82,83% / Eiweiß & Fett:17,17%)
100g.≈ Eiweiß 2,37g. Fett:1,31g.
µg. - Ph:7,17 Na:3,58 Ka:26,41 Mg:11,21 Ca:43,83 Fe:0,07 Zn:0,01 Col.:0,05 Hsr.:1,4

Zutaten:
Grundrezept für eine Gemüsebrühe 300 ml. / 300g. (empfehlenswert)
Hokkaidokürbis 500 g. / 500g. (empfehlenswert)
Ingwer frisch 1/2 TL / 2g. (empfehlenswert)
Fenchelsamen gemahlen 1/2 TL / 1g. (ja)
Anis (gemeiner Fenchel) 1/4 TL / 1g. (empfehlenswert)
Joghurt (natur, 1,5 % Fett) 150 g. / 150g. (empfehlenswert)
Pfefferminze 2 Blätter / 1g. (empfehlenswert)
Salz 1 Prise / 1g. (wenig)

Kochanleitung:
Gemüsebrühe (nach Grundrezept) zum Kochen bringen. Gewürfelten Kürbis, kleingehackten Ingwer, zerstoßene Fenchelsamen und Anis dazugeben und Suppe zugedeckt ca. 12 Min. köcheln lassen, bis der Kürbis weich ist und dann vom Herd nehmen. Mit dem Mixstab die Suppe mit dem Joghurt fein pürieren und mit feingehackter Minze bestreut servieren.

3.55 Kürbissuppe

Fördert Verdauung, stärkt Magen und Milz, senkt Blutdruck, bakterizid, stärkt Immunsystem, beugt Krebs vor, reduziert Strahlenverletzungen, regeneriert Haut, senkt Cholesterinspiegel, senkt Blutzucker, schützt Leber.

Anzahl Portionen: 3
Kalorien p. Portion   104
Gramm p. Portion   236,33
Kochdauer ca.   1 Stunde
(Kohlehydrat:71% / Eiweiß & Fett:29%)
100g.≈ Eiweiß 2,54g. Fett:3,64g.
µg. - Ph:4,02 Na:0,96 Ka:24,72 Mg:1,82 Ca:2,89 Fe:0,08 Zn:0,02 Col.:0 Hsr.:1,08

Zutaten:
Kürbis 300 g. / 300g. (empfehlenswert)
Karotte (Mohrrübe, Möhre) 2 Stück / 100g. (empfehlenswert)
Kartoffel 2 Stück / 120g. (empfehlenswert)
Olivenöl 1 EL / 10g. (empfehlenswert)
Zwiebel weiss 1 Stück / 50g. (ja)
Wasser 1 Tasse / 120g. (ja)
Petersilie 1 EL / 7g. (empfehlenswert)
Anis (gemeiner Fenchel) 1 Prise / 1g. (empfehlenswert)
Salz 1 Prise / 1g. (wenig)

Kochanleitung:
Olivenöl in einer Pfanne erhitzen. In Würfel geschnittenen Kürbis, gewürfelte Karotten und Kartoffeln dazugeben und kurz anbraten. Klein geschnittene Zwiebel zugeben, mit Wasser auffüllen (Gemüse mindestens drei fingerbreit bedecken), aufkochen und leise köcheln lassen. Mit Meersalz und einer Prise Anis würzen, klein geschnittene Petersilie dazugeben. Alles zusammen ca. 35 Min. köcheln lassen. Anschließend die Suppe pürieren und evtl. Wasser zugeben, je nach Konsistenz.

3.56 Linsen-Kastanien-Suppe mit Curry

Senkt Blutdruck, bakterizid, stärkt Immunsystem, beugt Krebs vor, reduziert Strahlenverletzungen, stärkt Magen, löst Stagnation, fördert Gewichtsabnahme. Gut bei Abwehrschwäche, Appetitlosigkeit, Blähungen, Bluthochdruck, Depressionen, Diabetes, Durchfall

Anzahl Portionen: 4
Kalorien p. Portion 175
Gramm p. Portion 238,25
Kochdauer ca. 45 Min.
Allergene: LO
(Kohlehydrat:83% / Eiweiß & Fett:17%)
100g.≈ Eiweiß 4,17g. Fett:4,33g.
µg. - Ph:2,67 Na:3,8 Ka:7,98 Mg:4,63 Ca:15,86 Fe:0,06 Zn:0,02 Col.:0 Hsr.:2,07

Zutaten:
Linsen rot 150 g. / 150g. (ja)
Kastanien (Maronen) 150 g. / 150g. (wenig)
Olivenöl 1 EL / 10g. (empfehlenswert)
Curry 2 TL / 8g. (ja)
Grundrezept für eine Gemüsebrühe nahrhaft 1/2 Liter / 500g. (empfehlenswert)
Kurkuma (Gelbwurz) 1 TL / 2g. (empfehlenswert)
Weißwein 1/8 Liter / 125g. (ja)
Salz Kräutersalz 1 Prise / 1g. (wenig)
Anis (gemeiner Fenchel) 1 Prise / 1g. (empfehlenswert)
Kardamom 1 Prise / 0,5g. (empfehlenswert)
Petersilie 2 EL / 6g. (empfehlenswert)

Kochanleitung:
Olivenöl in eine Pfanne geben, Kastanien darin kurz andünsten, Curry drüberstreuen, Linsen zugeben und mit Gemüsebrühe aufgießen. Ganz wenig Weißwein zugeben, Kurkuma untermischen, aufkochen lassen und rund 20 Min. köcheln lassen, bis die Kastanien weich sind. Anschließend die Suppe pürieren und abschmecken mit einer Prise Anis, Kardamom und Kräutersalz. Am Schluss klein geschnittene Petersilie drüberstreuen.

3.57 Linsen-Reis-Eintopf

Ist sehr nahrhaft, stärkt Herz, Milz und Nieren, senkt Blutdruck, bakterizid, harntreibend, stärkt Immunsystem. Gut bei Durchblutungsstörungen, Thrombose, Bluthochdruck, Kopfschmerzen.

Anzahl Portionen: 3
Kalorien p. Portion 232
Gramm p. Portion 306,67
Kochdauer ca. 25 Min.
Allergene: LNO
(Kohlehydrat:79% / Eiweiß & Fett:21%)
100g.≈ Eiweiß 5,19g. Fett:5,04g.
µg. - Ph:3,63 Na:1,18 Ka:8,86 Mg:1,61 Ca:2,12 Fe:0,07 Zn:0,03 Col.:0,02 Hsr.:4,92

Zutaten:
Linsen (Helmbohnen) 100 g. / 100g. (ja)
Wasser 5 Tassen / 500g. (ja)
Reis Sorte beliebig 1 Tasse / 120g. (ja)
Sesamöl 1 EL / 10g. (wenig)
Karotte (Mohrrübe, Möhre) 2 Stück / 150g. (empfehlenswert)
Sellerie Stangensellerie 2 Stangen / 20g. (empfehlenswert)
Cumin (Kreuzkümmel) 1 Prise / 0,2g. (empfehlenswert)
Salz 1 Prise / 0,5g. (wenig)
Essig (Apfelessig) 1 Schuss / 2g. (empfehlenswert)
Petersilie 2 EL / 18g. (empfehlenswert)

Kochanleitung:
Linsen am Vortag einweichen. Sesamöl in einem Topf erhitzen. Karotte und Stangensellerie klein schneiden und darin anbraten. Reis, eine Prise Cumin und Linsen dazugeben und aufkochen. Wenn die Linsen weich sind, Salz zugeben, mit etwas Essig abschmecken und mit Petersilie garnieren. Variante: Im Sommer kann man das Cumin weglassen und frische grüne Erbsen oder Chinakohl verwenden.

3.58 Misosuppe mit Tofu

Liefert Vitamine, Mineralien, Enzyme und sekundäre Pflanzenwirkstoffe. Alginsäure entgiftet den Darm, löst Stagnation. Belebt, entgiftet, stärkt das Immunsystem, fördert Verdauung, stärkt Magen, lindert Blähungen.

Anzahl Portionen: 3
Kalorien p. Portion 51
Gramm p. Portion 231,33
Kochdauer ca. 5 min.
Allergene: E
(Kohlehydrat:43,33% / Eiweiß & Fett:56,67%)
100g.≈ Eiweiß 4,44g. Fett:1,66g.
µg. - Ph:11,31 Na:58,1 Ka:19,06 Mg:5,88 Ca:7,16 Fe:0,06 Zn:0,01 Col.:0 Hsr.:3,33

Zutaten:
Wakame 1 Stück / 5g. (empfehlenswert)
Miso 3-4 EL / 30g. (ja)
Soja Tofu 50 g. / 50g. (ja)
Wasser 1/2 Liter / 500g. (ja)
Sojasauce 1 Schuss / 3g. (ja)
Zwiebel Frühlingszwiebel 1/2 EL / 6g. (ja)

Kochanleitung:
Wasser, Sojakeimlinge, Wakamealge und in Würfel geschnittenen Tofu
5 Min. aufwärmen. Misopaste in Suppenteller geben und langsam mit
heißer Suppe übergießen. Mit Tamari abschmecken. Eventuell
Frühlingszwiebeln dazugeben.

3.59 Mungbohnen-Eintopf

Lindert übermäßigen Durst, harntreibend, reduziert Blutfett, lindert
Allergien, stärkt Milz, Magen und Muskeln, senkt Cholesterinspiegel,
antiparasitär, regt Leberfunktion an, entgiftet.
Anzahl Portionen: 2
Kalorien p. Portion 665
Gramm p. Portion 353,25
Kochdauer ca. 2 Stunden
(Kohlehydrat:62,18% / Eiweiß & Fett:37,82%)
100g.≈ Eiweiß 35,03g. Fett:17,55g.
µg. - Ph:97,22 Na:5,17 Ka:54,65 Mg:61,21 Ca:35,64 Fe:0,37 Zn:0,07 Col.:0,01 Hsr.:52,82

Zutaten:
Mungbohne 1/4 Kg. / 300g. (ja)
Sonnenblumenöl 3 EL / 30g. (wenig)
Amaranth 1/2 TL / 2g. (ja)
Fenchelsamen gemahlen 1/2 TL / 2g. (ja)
Cumin (Kreuzkümmel) 1/2 TL / 2g. (empfehlenswert)
Koriander 1/2 TL / 2g. (empfehlenswert)
Reis Rundkornreis 1/2 Tasse / 60g. (ja)
Wasser 3 Tassen / 300g. (ja)
Ingwer frisch 2 cm. / 3g. (empfehlenswert)
Kombualge 3 cm. / 2g. (ja)
Salz 1 Prise / 0,5g. (wenig)
Petersilie 1 EL / 3g. (empfehlenswert)

Kochanleitung:
Mungbohnen über Nacht einweichen. Sonnenblumenöl im Topf
erhitzen. Amaranth, Fenchelsamen, Cumin und Koriander einrühren
und kurz anrösten. Basmatireis, etwas Ingwer und Mungbohnen
zugeben und kurz mitrösten. Wasser aufgießen und aufkochen lassen.
Ein Stück Kombu-Alge und Salz zugeben und 1-1,5 Std. köcheln .Mit
Petersilie oder Koriander garnieren.

3.60 Orientalische Reispfanne

Stärkt Magen, Nieren und Blase, löst Stagnation, fördert
Gewichtsabnahme, hilft Fett zu verdauen und liefert zahlreiche
Vitamine, Mineralstoffe sowie sekundäre Pflanzenwirkstoffe. Gut bei
Abwehrschwäche, Appetitlosigkeit, Blähungen, Bluthochdruck.

Anzahl Portionen: 6
Kalorien p. Portion 303
Gramm p. Portion 271,83
Kochdauer ca. 30 Min.
Allergene: EL
(Kohlehydrat:81,36% / Eiweiß & Fett:18,64%)
100g.≈ Eiweiß 9,51g. Fett:5,44g.
µg. - Ph:14,12 Na:4,25 Ka:29,82 Mg:11,83 Ca:25,45 Fe:0,16 Zn:0,01 Col.:0 Hsr.:12,22

Zutaten:
Reis Vollkorn 180 g. / 180g. (empfehlenswert)
Grundrezept für eine Gemüsebrühe 600 ml. / 500g. (empfehlenswert)
Curry 1/2 TL / 2g. (ja)
Zwiebel Frühlingszwiebel 4 Stück / 80g. (ja)
Rapsöl 2 EL / 20g. (empfehlenswert)
Paprika 120 g. / 120g. (ja)
Mais 80 g. / 80g. (ja)
Shiitake, getrocknet 20 g. / 80g. (wenig)
Bambussprossen 80 g. / 80g. (ja)
Erbsen 80 g. / 80g. (empfehlenswert)
Pfirsich 60 g. / 60g. (ja)
Ananas 60 g. / 60g. (ja)
Tomate 200 g / 200g. (empfehlenswert)
Liebstöckel 1 TL / 2g. (empfehlenswert)
Basilikum (frisch) 1 TL / 2g. (empfehlenswert)
Petersilie 1 TL / 2g. (empfehlenswert)
Zitronenmelisse (frisch) 1 TL / 2g. (ja)
Pfeffer gemahlen 1 Prise / 1g. ()

Kochanleitung:
Die Pilze 20 Min. in Wasser einweichen. Den Reis in der Gemüsebrühe 15 Min. kochen und mit etwas Curry würzen .Die Zwiebel schälen und in kleine Würfel schneiden. Öl in einer Pfanne erhitzen, die Zwiebelwürfel darin andünsten .Paprika waschen, halbieren, Kerngehäuse entfernen, in Würfel schneiden und zufügen. Mais, Pilze und Bambussprossen dazu geben und in 5 Min. bissfest garen. Sojasprossen, Erbsen, Pfirsich- und Ananaswürfel ebenfalls zugeben und anschließend die geschälten, kleingeschnittenen Tomaten dazugeben. Den gegarten Reis zugeben und mit den Kräutern und Pfeffer abschmecken.

3.61 Paprika-Tomatenreis

Cholesterin-, eiweiß- und fettarm, stärkt Magen, löst Stagnation, fördert Gewichtsabnahme. Gut bei Abwehrschwäche, Appetitlosigkeit, Blähungen, Bluthochdruck, Diabetes, Depressionen.

Anzahl Portionen: 3
Kalorien p. Portion   291
Gramm p. Portion   324
Kochdauer ca.   25 Min.
Allergene: L
(Kohlehydrat:89% / Eiweiß & Fett:11%)
100g.≈ Eiweiß 7,63g. Fett:2,54g.
µg. - Ph:10,3 Na:1,31 Ka:15,5 Mg:9,5 Ca:22,5 Fe:0,14 Zn:0,06 Col.:0 Hsr.:4,12

Zutaten:
Zwiebel weiss 1 Stück / 50g. (ja)
Paprika 4 stück / 120g. (ja)
Lorbeerblatt 2 Stück / 1g. (empfehlenswert)
Nelke 2 Stück / 1g. (empfehlenswert)
Grundrezept für eine Gemüsebrühe nahrhaft 400 g. / 400g. (empfehlenswert)
Reis Vollkorn 200 g / 200g. (empfehlenswert)
Champignon 60 g. / 60g. (ja)
Petersilie 20 g. / 20g. (empfehlenswert)
Pfeffer gemahlen 1 Prise / 0,2g. ()
Paprika (Rosenpaprikapulver) 1 Prise / 0,2g. (ja)
Tomate 120 g. / 120g. (empfehlenswert)

Kochanleitung:
Die Zwiebel fein würfeln und die Paprika in feine Streifen schneiden. Margarine in einem Topf erhitzen, Zwiebel und Paprika sowie Reis darin andünsten und mit der Gemüsebrühe aufgießen. Nelken und Lorbeerblätter dazugeben und im geschlossenen Topf ca. 20 Min.

ausquellen lassen. Das Tomatenfleisch in 1 cm große Würfel schneiden und 5 Min. vor Garzeitende zum Reis geben.

3.62 Pikante Avocadocreme mit Hüttenkäse

Hilft bei Entzündungen, Schwellungen, Schmerzen und Juckreiz. Stärkt Magen und Verdauungssystem, entgiftet, bakterizid.

Anzahl Portionen: 4
Kalorien p. Portion 613
Gramm p. Portion 271,25
Kochdauer ca. 15 Min.
Allergene: G
(Kohlehydrat:39% / Eiweiß & Fett:61%)
100g.≈ Eiweiß 11,04g. Fett:40,92g.
µg. - Ph:7,44 Na:14,84 Ka:19,28 Mg:1,27 Ca:2,23 Fe:0,03 Zn:0,03 Col.:0,06 Hsr.:1,09

Zutaten:
Avocado 2 Stück / 600g. (ja)
Pfeffer gemahlen 1 Prise / 0,5g. ()
Salz 1 Prise / 1g. (wenig)
Zitrone Saft 1/2 Stück / 15g. (ja)
Paprika (Rosenpaprikapulver) 1 Prise / 1g. (ja)
Olivenöl 1 EL / 10g. (empfehlenswert)
Chili (Schote oder gemahlen) 1 Prise / 0,5g. (ja)
Kräuter verschiedene 1 EL / 7g. (ja)
Hüttenkäse 1 Becher / 250g. (empfehlenswert)
Brot mit Johannisbrotkernmehl 8 Scheiben / 200g. (ja)

Kochanleitung:
Avocadofleisch pürieren und mit reichlich gemahlenem Pfeffer, Zitronensaft, Rosenpaprika, einigen Tropfen Öl, Chili, frischen gehackten Kräutern und einer Prise Salz würzen. Hüttenkäse (etwa gleiche Menge wie Avocadocreme) vorsichtig untermengen. Passt zu: Kartoffeln und Hirse, mit denen die Avocadocreme in Kombination mit Gemüsegerichten, Hülsenfrüchten oder Blattsalaten eine delikate Mahlzeit ergibt. Eignet sich auch sehr gut als Vorspeise oder als Mitbringsel auf Partys und als Morgenmahlzeit im Sommer, zusammen mit einem milden Gericht aus Linsen oder Adzukibohnen und geraspeltem Rettich.

3.63 Quinoa pikant + Avocado

Hilft bei Entzündungen, Schwellungen, Schmerzen und Juckreiz. Senkt Blutdruck, erweitert Blutgefäße, bakterizid, stärkt Immunsystem und Magen-Darm-Funktion.

Anzahl Portionen: 2
Kalorien p. Portion 561
Gramm p. Portion 378,5
Kochdauer ca. 20 min.
(Kohlehydrat:44% / Eiweiß & Fett:56%)
100g.≈ Eiweiß 10,4g. Fett:39,86g.
µg. - Ph:5,12 Na:1,44 Ka:55,12 Mg:3,42 Ca:2,97 Fe:0,12 Zn:0,06 Col.:0 Hsr.:3,69

Zutaten:
Wasser 2 Tassen / 240g. (ja)
Quinoa 1 Tasse / 100g. (ja)
Karotte (Mohrrübe, Möhre) 1 Stück geraspelt / 100g. (empfehlenswert)
Zwiebel Frühlingszwiebel 2 EL gehackte / 12g. (ja)
Avocado 1 Stück weiche / 300g. (ja)
Salz 1 Prise / 0,5g. (wenig)
Pfeffer gemahlen 1 Prise / 0,2g. ()
Leinöl 2 TL / 4g. (ja)

Kochanleitung:
Quinoa in heißes Wasser geben. Geraspelte Karotte, klein geschnittene Frühlingszwiebel sowie Kurkuma, Salz und Pfeffer dazugeben, 20 Min. köcheln lassen und beiseite stellen. Vorgeschnittene Avocado untermischen, einen Schuss Öl zugeben und mit frischer Petersilie und Gomasio bestreuen. Gewürze und Kräuter: Kurkuma, Kardamom, Kresse, Petersilie, Schnittlauch. Variation: Für die, die es deftiger mögen, kann auch eine Bio-Sardine aus der Konserve verwendet werden.

3.64 Reis mit gedämpftem Gemüse

Senkt Blutdruck, bakterizid, harntreibend, stärkt Immunsystem, beugt Krebs vor, reduziert Strahlenverletzungen. Gut bei Durchblutungsstörungen, Thrombose, Emboliegefahr, Kopfschmerzen, Herzinfarkt und Schlaganfall.

Anzahl Portionen: 2
Kalorien p. Portion 167
Gramm p. Portion 310,5
Kochdauer ca. 20 min
Allergene: L
(Kohlehydrat:82,32% / Eiweiß & Fett:17,68%)
100g.≈ Eiweiß 4,33g. Fett:2,26g.
µg. - Ph:16,63 Na:5,67 Ka:52,64 Mg:6,29 Ca:11,8 Fe:0,4 Zn:0,07 Col.:0 Hsr.:12,64

Zutaten:
Reis Sorte beliebig 1/2 Tasse / 60g. (ja)
Wasser 3 Tassen / 300g. (ja)
Zitrone Schale 1 Stück / 3g. (ja)
Wasser 1/8 Liter / 0g. (ja)
Karotte (Mohrrübe, Möhre) 2 Stück / 180g. (empfehlenswert)
Sellerie Stangensellerie 1/2 Stück / 5g. (empfehlenswert)
Champignon 1/2 Tasse / 50g. (ja)
Kresse 2 EL / 20g. (empfehlenswert)
Leinöl 1 Schuss / 3g. (ja)

Kochanleitung:
Reis nach Grundrezept kochen, dabei ein Stück Zitronenschale
mitkochen. Wasser aufstellen und kleingeschnittene Karotten,
Stangensellerie und Champignons im Gemüseeinsatz dämpfen, bis sie
weich sind. Anschließend mit Kresse bestreuen und zuletzt einen
Schuss hochwertiges Öl zugeben.

3.65 Reisnudelsuppe mit Shiitakepilzen

Sehr leicht und kräftigend zugleich, stärkt das Immunsystem.
Anzahl Portionen: 2
Kalorien p. Portion 65
Gramm p. Portion 173
Kochdauer ca. 20 Min.
Allergene: L
(Kohlehydrat:86% / Eiweiß & Fett:14%)
100g.≈ Eiweiß 3,23g. Fett:1,3g.
µg. - Ph:13,08 Na:44,73 Ka:17,94 Mg:24,74 Ca:81,93 Fe:0,21 Zn:0,07 Col.:0 Hsr.:7,24

Zutaten:
Reisnudeln 2 Handvoll / 20g. (ja)
Shiitake, getrocknet 4-6 Stück / 5g. (wenig)
Grundrezept für eine Gemüsebrühe 2 Tassen / 240g. (empfehlenswert)
Chinakohl 1 Tasse / 60g. (empfehlenswert)
Liebstöckel 1 TL / 3g. (empfehlenswert)
Miso 2 EL / 18g. (ja)

Kochanleitung:
Reisnudeln und Shiitakepilze getrennt in kaltem Wasser einweichen.
Gemüsebrühe erhitzen und eingeweichte, in Streifen geschnittene
Shiitakepilze zugeben und leicht köcheln. Chinakohl nudelig schneiden,
Liebstöckelgrün und Reisnudeln zugeben und kurz ziehen lassen. Vor
dem Servieren in etwas abgekühltem Kochwasser gelöstes Miso

einrühren. Empfehlung: geeignet zu Beginn jeder Mahlzeit, auch als Frühstück

3.66 Rosmarinkartoffeln

Kartoffel stärkt die Milz, lindert Entzündungen, verbessert die Verdauung, regeneriert die Haut, ist harntreibend, senkt Cholesterinspiegel. Rosmarin fördert Verdauung, stärkt Lunge, Milz und Nieren.

Anzahl Portionen: 2
Kalorien p. Portion 189
Gramm p. Portion 216,5
Kochdauer ca. 30 Min.
(Kohlehydrat:76,49% / Eiweiß & Fett:23,51%)
100g.≈ Eiweiß 4,21g. Fett:5,25g.
µg. - Ph:23,02 Na:1,45 Ka:165,76 Mg:9,44 Ca:3,73 Fe:0,2 Zn:0,07 Col.:0,01 Hsr.:7,27

Zutaten:
Kartoffel 6-8 Stück / 420g. (empfehlenswert)
Salz Kräutersalz 1 Prise / 1g. (wenig)
Olivenöl 1 EL / 10g. (empfehlenswert)
Rosmarin 1 TL / 2g. (ja)

Kochanleitung:
Kartoffeln der Länge nach halbieren, mit etwas Olivenöl bestreichen, salzen, 2-3 Rosmarinnadeln auf jede halbe Kartoffel streuen, auf Backblech setzen und im vorgeheizten Backofen ca. 25 Min. bei 190 Grad backen.

3.67 Rucolasalat mit Tomaten

Fördert Verdauung, hilft Fett zu verdauen, wirkt harntreibend und antioxidativ, senkt Blutdruck, zieht Adern zusammen, stärkt Muskeln, hilft bei Gastritis, Verstimmungen des Magens, Verstopfung, Blähungen und Sodbrennen.

Anzahl Portionen: 1
Kalorien p. Portion 129
Gramm p. Portion 241
Kochdauer ca. 10 Min.
Allergene: O
(Kohlehydrat:42% / Eiweiß & Fett:58%)
100g.≈ Eiweiß 2,02g. Fett:10,36g.
µg. - Ph:25,81 Na:8,73 Ka:233,45 Mg:12,42 Ca:14,87 Fe:0,55 Zn:0,17 Col.:0,04 Hsr.:10,79

Zutaten:
Olivenöl 1 EL / 10g. (empfehlenswert)
Pfeffer gemahlen 1 Prise / 0,2g. ()
Salz 1 Prise / 0,3g. (wenig)
Essig (Apfelessig) 1 Schuss / 1g. (empfehlenswert)
Tomate 4 Stück / 200g. (empfehlenswert)
Rucola Rauke 2 Handvoll / 30g. ()

Kochanleitung:
In einer Salatschüssel Olivenöl, frisch gemahlenen Pfeffer, Salz, Essig
und in kleine Würfel geschnittene Tomaten verrühren. Reichlich fein
zerrupfte Rucolablätter untermengen. Varianten: Walnüsse
untermengen. Shiitakepilze in feine Streifen schneiden. Eine Hälfte in
etwas Butter braten und zusammen mit der anderen Hälfte roher
Shiitake unter den Salat mengen. Anstelle von Shiitake können
Champignons verwendet werden. Dazu passt: getoastetes Brot,
Polenta.

3.68 Schwarzwurzel mit Joghurt

Schwarzwurzeln regen Nieren, Blase und damit die Reinigung des
Körpers an. Sie stimulieren im physiologischen Sinne allgemein die
Drüsen im Organismus. Liefern Vitamine und Spurenelemente.
Anzahl Portionen: 2
Kalorien p. Portion 319
Gramm p. Portion 304,5
Kochdauer ca. 20 min
Allergene: AG
(Kohlehydrat:76,55% / Eiweiß & Fett:23,45%)
100g.≈ Eiweiß 7,98g. Fett:2,08g.
µg. - Ph:45,41 Na:46,46 Ka:135,9 Mg:13,05 Ca:30,12 Fe:1,28 Zn:0,12 Col.:0,16
Hsr.:28,83

Zutaten:
Schwarzwurzel 1/2 Kg. / 400g. (empfehlenswert)
Joghurt (natur, 1,5 % Fett) 4 EL / 80g. (empfehlenswert)
Kräuter verschiedene 1 EL / 8g. (ja)
Salz 1 Prise / 1g. (wenig)
Mehrkornbrot (Graubrot) 6 Scheiben / 120g. (ja)

Kochanleitung:
Schwarzwurzel schälen und in Salzwasser kochen, bis sie weich sind.
Das Wasser wegschütten, Schwarzwurzel auskühlen lassen und klein
schneiden. Mit Joghurt übergießen und mit frischen Kräutern bestreuen.
Mit dem Mehrkornbrot servieren.

3.69 Sellerie-Kartoffel-Cremesuppe

Senkt Blutdruck, stärkt Immunsystem, fördert Gewichtsabnahme. Gut bei Abwehrschwäche, Appetitlosigkeit, Blähungen, Depressionen, Diabetes, Durchfall, Verdauungsschwäche.

Anzahl Portionen: 4
Kalorien p. Portion 113
Gramm p. Portion 241,5
Kochdauer ca. 45 Min.
Allergene: GL
(Kohlehydrat:83,35% / Eiweiß & Fett:16,65%)
100g.≈ Eiweiß 2,16g. Fett:5,52g.
µg. - Ph:5,96 Na:3,46 Ka:23,98 Mg:22,27 Ca:83,51 Fe:0,18 Zn:0,02 Col.:0 Hsr.:1,49

Zutaten:
Olivenöl 1 EL / 10g. (empfehlenswert)
Zwiebel weiss 1/2 Stück / 25g. (ja)
Grundrezept für eine Gemüsebrühe 700 ml. / 700g. (empfehlenswert)
Kartoffel 200 g / 200g. (empfehlenswert)
Muskatnuss 1 Prise / 0,5g. (empfehlenswert)
Kümmel 1 Prise / 0,5g. (ja)
Zitrone Schale 1/4 Stück / 1g. (ja)
Creme fraiche 2 EL / 20g. (weniger als angegeben)
Salz 1 Prise / 1g. (wenig)
Petersilie 1 EL / 8g. (empfehlenswert)

Kochanleitung:
Das Olivenöl in einem Topf leicht erhitzen und Zwiebelwürfel darin bei milder Hitze ganz weich dünsten. Mit Gemüsebrühe (nach Grundrezept) aufgießen und zugedeckt 15 Min. köcheln lassen. Kartoffelwürfel, kleingeschnittenen Sellerie, Muskat, Kümmel und Zitronenschale zugeben und zugedeckt weitere 12 Min. leicht kochen. Kartoffeln und Sellerie sollen weich sein, aber nicht zerfallen. Zitronenschale entfernen, mit dem Mixstab oder im Mixer die Suppe mit Crème fraîche fein pürieren und mit Salz abschmecken. Suppe portionsweise mit der kleingehackten Petersilie anrichten.

3.70 Spargel-Kräuter-Ragout

Harntreibend, fördert Durchblutung, beugt Krebs vor, löst Stagnation, fördert Gewichtsabnahme, regt Leberfunktion an. Gut bei Abwehrschwäche, Appetitlosigkeit, Blähungen, Bluthochdruck, Depressionen, Diabetes, Durchfall.

Anzahl Portionen: 4
Kalorien p. Portion 168
Gramm p. Portion 465,5
Kochdauer ca. 30 Min.
Allergene: GL
(Kohlehydrat:78% / Eiweiß & Fett:22%)
100g.≈ Eiweiß 7,54g. Fett:4,09g.
µg. - Ph:2,55 Na:0,54 Ka:11,94 Mg:2,69 Ca:9,45 Fe:0,06 Zn:0,02 Col.:0 Hsr.:1,09

Zutaten:

Grundrezept für eine Gemüsebrühe 500 ml / 500g. (empfehlenswert)
Zitrone Schale 1/2 Stück / 3g. (ja)
Koriander 1/4 TL / 1g. (empfehlenswert)
Muskatnuss 1 Prise / 0,3g. (empfehlenswert)
Spargel (grün oder weiß) 800 g. / 800g. (empfehlenswert)
Petersilie 1 Bund / 125g. (empfehlenswert)
Creme fraiche 2 EL / 30g. (weniger als angegeben)
Zitrone Saft 1 TL / 3g. (ja)
Kartoffel 400 g. / 400g. (empfehlenswert)

Kochanleitung:

Kartoffeln in reichlich gesalzenem Wasser ca. 20 Min. weich kochen. Gemüsebrühe mit Zitronenschale, Koriander und Muskat zum Kochen bringen. Den geschälten und in Stücke geschnittenen Spargel darin weich kochen. Spargel in ein Sieb abgießen. Die Flüssigkeit auffangen und im Mixer mit 200 g (die unteren Enden) des gekochten Spargels und der Petersilie zu einer glatten Soße mixen. Crème fraîche einrühren, den Spargel untermischen und nochmals erhitzen. Mit Zitronensaft, Salz und Pfeffer abschmecken und mit den Kartoffeln servieren.

3.71 Tee aus Grüntee

Fördert Verdauung, harntreibend, löst Schleim, entgiftet, regt Nerven an, reduziert Blutfett, senkt Cholesterinspiegel, lindert Entzündungen.

Anzahl Portionen: 1
Kalorien p. Portion 3
Gramm p. Portion   122
Kochdauer ca.   10 Min.
(Kohlehydrat:20% / Eiweiß & Fett:80%)
100g.≈ Eiweiß 0,01g. Fett:0g.
µg. - Ph:5,61 Na:1,07 Ka:27,59 Mg:4,07 Ca:9,43 Fe:0,04 Zn:0,1 Col.:0 Hsr.:0

Zutaten:
Grüner Tee 1 TL / 2g. (empfehlenswert)
Wasser 1 Tasse / 120g. (ja)

Kochanleitung:
Pro Tasse verwendet man einen Teelöffel voll oder einen Teebeutel. Grüntee nur mit 60-80 Grad heißem Wasser aufbrühen, da er sonst bitter wird. Soll der Tee eine anregende Wirkung haben, lässt man ihn 2-3 Min. ziehen. Eher beruhigend wirkt er bei einer Ziehdauer von 5 Min. (nicht länger, sonst wird er bitter!). Eine andere Methode: Man übergießt die Teeblätter mit ca. 70 Grad heißem Wasser und gießt es sofort wieder ab. Dann einfach noch mal heißes Wasser nachgießen. Die Bitterstoffe verschwinden und der Tee bekommt ein milderes Aroma.

3.72 Tee aus Zimt

Antibakteriell, durchblutungsfördernd, harntreibend, krampflösend, schleimlösend, schmerzstillend, schweißtreibend, Blutzuckerspiegel senkend. Gut bei Appetitlosigkeit, Blähungen, Diabetes, Erbrechen, Erkältung, Fieber, Übelkeit.

Anzahl Portionen: 1
Kalorien p. Portion 2
Gramm p. Portion   126
Kochdauer ca.   15 Min.
Allergene:
(Kohlehydrat:92% / Eiweiß & Fett:8%)
100g.≈ Eiweiß 0,04g. Fett:0,03g.
µg. - Ph:0,48 Na:1,19 Ka:3,73 Mg:1,43 Ca:14,32 Fe:0,04 Zn:0,1 Col.:0 Hsr.:0

Zutaten:
Zimtstange 1/4 Stück / 1g. (empfehlenswert)
Wasser 1 Tasse / 125g. (ja)

Kochanleitung:
Pro Tasse ¼ Stange Zimt kalt ansetzen und kurz aufkochen. Nach 15 Min. abseihen. Dieser Tee wird ungesüßt und schluckweise langsam getrunken. Die Menge reicht für einen Tag.

4 Wirkung der Lebensmittel

4.1 Zutaten verwenden: empfehlenswert

Anis (gemeiner Fenchel)
Apfel (sauer)
Apfel (süß)
Apfelmus
Artischocke
Aubergine
Bärlauch (Knoblauchspinat)
Basilikum (frisch)
Bohnen (grün, frisch)
Bohnenkraut
Borretsch
Brennnessel
Brokkoli
Brombeere
Buttermilch
Chicorée
Chinakohl
Cumin (Kreuzkümmel)
Dill
Endiviensalat
Erbse, grün
Erbsen
Erdbeere
Essig (Apfelessig)
Essig Aceto Balsamico
Feldsalat
Fenchel
Flaschenkürbis
Gemüsesaft
Grüner Tee
Grünkern
Gurke (bitter)
Hagebutte
Hagebuttentee
Heidelbeere
Hering
Himbeere
Hokkaidokürbis
Holunderbeeren
Holunderblütentee

Hüttenkäse
Ingwer frisch
Joghurt (natur, 1,5 % Fett)
Johannisbeere (rot)
Johannisbeere (schwarz)
Johannisbeere (weiß)
Kamille
Kardamom
Karotte (Frühkarotte)
Karotte (Mohrrübe, Möhre)
Karottensaft ohne Zucker
Kartoffel
Kartoffel (mehlige)
Kerbel getrocknet
Knoblauch
Kohlrübe
Koriander
Kräuterteemischung
Kresse
Kümmel gemahlen
Kumquat
Kürbis
Kurkuma (Gelbwurz)
Lachs
Lauchzwiebel Schnittlauch
Liebstöckel
Lorbeerblatt
Löwenzahn (junger)
Makrele
Mangold
Molke
Mungbohnensprossen
Muskatnuss
Nelke
Nori, Purpurtang, Rotalge
Olivenöl
Oregano frisch
Oregano getrocknet
Paprika (süß)
Pastinake

Petersilie
Pfefferminze
Pfefferminztee
Preiselbeere
Preiselbeersaft
Quargel 20%
Quitte
Radicchio
Radieschen
Rapsöl
Reis Vollkorn
Rettich (weiß, grün, lila-rot)
Rettich Meerrettich (Kren)
Rhabarber
Rote Rübe
Salbei
Sardellen/Sardine
Sauermilch
Schafgarbe
Schafgarbentee
Schwarzwurzel
Sellerie Knolle
Sellerie Stangensellerie
Spargel (grün oder weiß)
Speiserüben

Stachelbeere
Thunfisch
Thymian getrocknet
Tomate
Tomatenmark
Tomatenpüre
Tomatensaft
Topfen (Quark) 20%
Trauben rot
Trauben weiß
Vogerlsalat (Pflücksalat)
Vollkornbrot
Vollkornbrot mit ganzen Körner
Vollkornmehl
Wacholderbeere
Wachskürbis
Wakame
Walnussöl
Wassermelone
Weizenkeimöl
Wildkräuter
Zimtpulver
Zimtstange
Zucchini

4.2 Zutaten verwenden: ja

Acerola Fruchtnektar oder Pulver
Adzukibohnen
Agar-Agar, Agartang
Agavendicksaft
Aloesaft
Amaranth
Amaranth POPS
Ananas
Ananas (aus der Dose)
Ananassaft ungezuckert
Andornkraut
Apfelsaft (Naturtrüb)
Aprikose
Avocado
Backpulver
Baldrian
Bambussprossen
Banane
Banane Kochbanane
Barsch
Basilikum
Bataviasalat
Beeren der Saison
Beerensaft
Birne
Bitter Lemon

Bitterklee
Bitterorangenschale
Blattsalate (bitter)
Blumenkohl (Karfiol)
Bocksdornfrüchte (Fructus Lycii)
getrocknet
Bockshornklee
Boxhornkleesamen
Brombeerblätter
Brot mit Johannisbrotkernmehl
Buchweizen
Buchweizen (geröstet) Kasha
Buchweizen Vollkorn
Bulgur (Getreide)
Buschbohnen
Butterbohnen weiße
Cashewnüsse
Champignon
Channa-Dal
Chenpi (chinesische
Mandarinenschale)
Chili (Schote oder gemahlen)
Chlorella (Süßwasser)
Clementinen
Couscous
Cranberries

Curry	Gurke (Gewürzgurke)
Currypaste rot	Hafer
Dashi	Hafer Flocken (Vollkorn)
Dinkel	Hafer Flocken geröstet
Dinkel Brot	Hafer Mehl
Dinkel Flocken	Hafer Milch
Dinkel Gries	Hafer Schmelzlocken (Babynahrung)
Dinkel Vollkornmehl	Hafer Schrot
Dornhai (Seeaal, Schillerlocken)	Haifisch
Dorsch	Hammel
Dulse (Lappentang)	Hase
Eisbergsalat	Hase, wild
Enzianwurzel	Haselnüsse
Essig (Rotweinessig)	Hefe
Essig Aceto Balsamico weiss	Heidelbeere getrocknet
Essiggurke	Heilbutt
Estragon	Hibiskustee
Färberdiestel (Hong Hua)	Hijiki
Fasan	Himbeerblättertee
Feige	Hiobsträne (Samen) YiYi Ren
Fenchelsamen gemahlen	Hirse
Fencheltee	Hirseflocken
Fischstücke gemischt (Süßwasser)	Honigmelone
Flohsamen	Hopfen
Flunder	Huhn Eiweiß
Forelle	Ingwer Pulver
Forelle (geräuchert)	Jakobstränen
Frischkäse aus Soja	Jasminblütentee
Früchtetee	Johannisbrotkernmehl
Gagelpflaume	Kabeljau
Galgant	Kaffee
Gänseblümchen	Kaffeeweißer
Garam Masala Pulver	Kakao
Gelatine weiss	Kaki-Pflaume
Gelee Royal	Kaktusfeige
Gerste	Kalmus
Gerste (Nacktgerste)	Kapern (eingelegt)
Gerste (Perlgerste)	Kapuzinerkresse
Gerstengras Pulver	Karambole/Sternfrucht
Gerstengraupen	Karausche
Gerstengrütze	Kartoffelmehl
Gerstenmalz	Käsepappeltee
Gerstenmehl	Kefir
Getreidekaffee	Kerbel
Gewürznelke	Kichererbsen
Ginkgofrucht	Kirsche
Ginsengwurzel	Kirsche (sauer)
Glühweingewürzmischung	Kirschenkompott
Granatapfel	Kiwi
Grapefruit getrocknete Schale	Klementine
Grapefruit/Pampelmuse/Pomelo	Klettenwurzeltee
Grapefruitsaft	Knäckebrot
Guave	Kohlrabi
Gurke	Kokosflocken

Kokosmilch
Kokosnussfleisch
Kokosraspeln
Kombualge
Kompott (Früchte der Saison)
Kopfsalat
Koriandergrün
Kräuter bittere
Kräuter der Provence
Kräuter verschiedene
Kräuter Wildkräuter
Kuhmilch (1,5 % Fett)
Kukichatee
Kümmel
Kürbiskerne
Kürbiskernöl
Kuzu
Lauch (Porree)
Laugengebäck
Lavendelblüten
Leberglättertee
Leinöl
Leinsamen (geschrotet)
Liebstöckelsamen
Limabohnen
Lindenblütentee
Linsen (Helmbohnen)
Linsen gelb
Linsen rot
Linsen schwarz
Loquate/Japanische Mispel
Lotossamen
Lotoswurzeln
Löwenzahnsaft
Löwenzahnwurzeltee
Luohan-Frucht
Lychee
Lychee (Konserve)
Magermilchpulver
Mais
Mais (geröstet)
Mais (Schnellpolenta)
Mais Gries (Polenta)
Mais Mehl (Maizena)
Maishaartee
Maisstärke
Majoran
Makannastern Samen
Malventee
Malz
Mandarine
Mandeln
Mango
Mangopulver

Maniokmehl
Marillen
Maulbeerfrucht
Meeräsche
Mehrkornbrot (Graubrot)
Melisse
Mineralwasser
Mirabelle
Miso
Miso schwarz (fermentiert)
Mispel
Mittelmeerfisch (Kabeljau, Scholle,
Schellfisch, Seeaal, Makrele)
Mixed Pickels
Mohn
Moosbeere
Mu-Erh-Pilz
Mungbohne
Müsli
Nektarine
Nierenbohnen (rote)
Nudeln (Vollkorn) mit Ei
Odermennig
Okra
Oliven
Oliven grün
Orange
Orange Schale
Papaya
Paprika
Paprika (Rosenpaprikapulver)
Paranuss
Passionsblumenblütentee
Passionsfrucht (Maracuja)
Peperoni
Peperoni, gelb, entkernt, halbiert
Peperoni, rot, entkernt, halbiert
Petersilienwurzel
Pfeffer Cayenne
Pfeffer Körner
Pfeffer weiss (gemahlen)
Pfeilwurzelmehl
Pfifferlinge/Eierschwammerl
Pfirsich
Pfirsich (Dose)
Pflaume
Piment
Pintobohnen gesprenkelt
Pistazien
Puddingpulver Vanille
Pumpernickel
Quinoa
Reis Basmatireis
Reis Duftreis

Reis Gaoliangreis (Sorghum)
Reis Klebreis
Reis Langkornreis
Reis Reisschleim
Reis Roter
Reis Rundkornreis
Reis Schwarzer
Reis Sorte beliebig
Reis Süßer
Reis Wilder (Naturreis)
Reishi
Reismalz
Reismehl
Reisnudeln
Reisstärke
Rettich schwarz
Rettichblätter (vom Wochenmarkt)
Roggen
Roggen Vollkornbrot
Roggenmehl
Römersalat/Lattich-Salat
Rosenblättertee
Rosenblütentee
Rosenkohl
Rosmarin
Rotbarsch
Rote Grütze (ohne Zucker)
Rotkohl
Rotwein
Safran
Sago (Getreide)
Sahne 10% Kaffeesahne
Sahne sauer 10%
Sanddorn
Saubohnen (Dicke Bohnen)
Sauerampfer
Sauerkirsche
Sauerkraut
Sauerrahm 15% Fett
Sauerteig
Schafmilch Joghurt
Schafsmilch
Schlehdorn
Scholle
Schwarzaugenbohnen
Schwarze Bohnen
Schwarzer Fungu Pilz
Schwarzkümmel
Schwarztee
Schwedenkraut (Schwedenbitter)
Seegurke
Senf
Senf Dijon
Senf mittelscharf

Senf süß
Senfsamen
Sesam, Schwarzer
Sesam, Weißer
Soja Cuisine (Soja-Sahne)
Soja Tofu
Soja Tofu geräuchert
Sojabohne
Sojabohnen, Gelbe
Sojabohnen, Schwarze
Sojabohnen, Schwarze, fermentiert
Sojabohnenmilch
Sojacreme
Sojamehl
Soja-Nudeln
Sojapaste (Miso)
Sojasauce
Sonnenblumenkerne
Spinat
Spitzwegerichtee
Stangenbohnen (Fisolen)
Steinpilz/Herrenpilz
Sternanis
Stevia (Süßkraut)
Stutenmilch
Süßholzwurzeltee
Süßkartoffel
Süßwasserfisch
Tabasco
Teemischung Harnsäuresenkend
Thymian
Toastbrot (Vollkorn)
Tomate getrocknet
Tonicwasser
Traubenkernöl
Trüffel
Tsampa (geröstetes Gerstenmehl)
Umeboshipaste
Umeboshipflaumen (Japanaprikosen)
Vanille
Vanillepulver
Vanilleschote
Walderdbeeren
Walnüsse
Walnüsse geröstet
Wasser
Weißdorn
Weiße Bohnen
Weißfischchen
Weißkohl/Weißkraut
Weißwein
Weizen
Weizen Bulgurweizen
Weizen Flocken

Weizen Gras Pulver
Weizen Gries
Weizen Gries - Kindergries
Weizen Mehl Vollkorn
Weizen/Roggen Grau- Schwarzbrot mit Hefe
Weizengrassaft
Weizenkleie
Wermut
Wermutkraut
Wirsing/Grünkohl
Yamswurzel, Yamswurzelknolle
Yogitee
Ziegen- und Schafsmilch

Ziegenkäse
Zitrone
Zitrone Saft
Zitrone Schale
Zitrone, Limette
Zitronengras
Zitronenmelisse (frisch)
Zitronenmelisse (getrocknet)
Zwetschken
Zwieback
Zwiebel Frühlingszwiebel
Zwiebel rot
Zwiebel Schalotte
Zwiebel weiss

4.3   Zutaten verwenden: wenig

Ahornsirup
Aprikose getrocknet
Aprikosen Marmelade
Aprikosennektar
Bier (alkoholarm)
Bier (alkoholfrei)
Bier (Altbier)
Bier (Pils)
Birnensaft
Bohnenöl
Brombeermarmelade
Brösel (Weizenbrot, Semmel)
Brötchen (Semmel)
Colagetränk (kalorienarm)
Datteln getrocknet
Datteln rot
Distelöl
Edamer
Entenei
Erdbeermarmelade
Erdbeersaftgetränk
Erdnuss (geröstet)
Erdnüsse
Erdnussöl
Feige getrocknet
Fernet Branca (Kräuterbitterlikör)
Feta
Fischsouce
Frischkäse
Frischkäse mit Kräuter
Fruchtzucker (Fruktose, Traubenzucker)
Gänseei
Ginsenglikör
Gouda
Heidelbeermarmelade
Heidelbeersaft

Himbeermarmelade
Hirsch Fleisch
Hirsch Knochen
Honig
Honigwein (Met)
Huhn Ei
Huhn Eigelb
Huhn Fleisch
Ingweröl
Joghurt (natur, 3,5 % Fett)
Johannisbeermarmelade (rot)
Johannisbeermarmelade (schwarz)
Johannisbeernektar (schwarz)
Kaninchen Fleisch
Kastanien (Maronen)
Kirschsaft
Korinthen (rot)
Korinthen (schwarz)
Kuhmilch (Vollmilch 3,5 % Fett)
Lamm Fleisch
Lamm Knochen
Lamm Schulter
Löffelbiskuit
Lycheelikör
Maiskeimöl
Malzbier
Mandelmilch
Mandelmus
Mangosaft
Margarine
Margarine (Diät)
Marillensaft
Martini
Mozzarella
Nachtkerzenöl
Nudeln (Weizen) mit Ei
Nudeln (Weizen, Bandnudeln) mit Ei

Nudeln (Weizen, Lasagneblätter) mit Ei
Nudeln (Weizen, Spagetti) mit Ei
Obstmischung Fruchtsaft
Orangenmarmelade
Orangensaft
Palmöl
Pferd Fleisch
Pflaume getrocknet
Preiselbeermarmelade
Prosecco
Pute Brustfleisch
Pute Schinken
Reh Fleisch
Rind (Kalb)
Rind Filet
Rind Fleisch
Rind Fleischknochen
Rind Ochsenschwanzstücke
Rind Suppenfleisch
Rosinen
Rum
Sahne sauer 20%
Sake
Salz
Salz Kräutersalz
Schaffleisch
Schafskäse
Schimmelkäse
Schmelzkäse 12%
Schnaps
Schwein Fleisch
Schwein Haxe (Eisbein)
Schwein Schinken
Schwein Schinken gekocht
Schwein Schinken geselcht
Schwein Schinkenspeck

Sesam Paste (Tahini)
Sesamöl
Sesamöl geröstet
Sherry
Shiitake, getrocknet
Sojaöl
Sonnenblumenöl
Taube
Taube Ei
Traubensaft rot
Traubensaft weiß
Vanillezucker natur
Wachtel Ei
Weißbrot (Weizenbrot)
Weißbrot Baguette
Weißbrot Brösel (Weizenbrot)
Weißbrot Knödelbrot (Weizenbrot)
Weißbrot Salzstangerl
Weißbrot Semmel
Weizen Bier
Weizen Fladenbrot
Weizen Mehl
Wildschwein Fleisch
Ziege
Zucker (Staubzucker)
Zucker (weiß, aus Rüben)
Zucker braun
Zucker Fructose Fruchtzucker
Zucker Glukose Traubenzucker
Zucker Kandis weiß
Zucker Melasse
Zucker Milchzucker
Zucker Palmzucker
Zucker Ursüße (Zuckerrohr) süß
Zuckerersatz (Süßstoff)

4.4 Kontraindikativ wirkende Lebensmittel nicht verwenden

Aal
Aal geräuchert
Astronautenkost
Austern
Austernpilze
Austernschalenpulver
Blätterteig
Bratöl
Brie
Butter (halbfett)
Butter Bio
Butterschmalz
Calamari
Camembert

Campari
Colagetränk
Creme fraiche
Emmentaler
Ente (Frühmastente, schlachtfrisch)
Ente (Herz)
Erdnussbutter
Fisch Innereien
Fischreste
Gans
Gans (Gänseklein)
Gans (Gänseschmalz)
Gänseblut
Garnele

Gorgonzola
Graskarpfen
Grundrezept für eine Entenbrühe
Hirsch Nieren
Huhn Blut
Huhn Herz
Huhn Leber
Huhn Magen
Hummer
Kaninchen Leber
Karpfen
Kaviar
Kokosfett
Krabbe
Krake
Lamm Leber
Lamm Nieren
Languste
Longane
Mandeln Marzipan
Mayonnaise 50%
Mayonnaise 80%
Meereskrebs
Miesmuscheln
Morchel (schwarz, getrocknet)
Parmesan
Pinienkerne
Qualle
Reineclaude
Rind Herz
Rind Herz (Kalb)
Rind Knochenmark
Rind Leber

Rind Lunge (Kalb)
Rind Magen
Rind Niere
Sahne sauer 30%
Sahne, süß 30%
Schmelzkäse 30%
Schnecke
Schokolade
Schokolade (Diabetiker)
Schwein Blut
Schwein Bratwurst
Schwein Darm
Schwein Fett
Schwein Haut
Schwein Herz
Schwein Hirn
Schwein Leber
Schwein Lunge
Schwein Magen
Schwein Markknochen
(Röhrenknochen)
Schwein Mettwurst
Schwein Nieren
Schwein Schmalz
Shrimps
Silbermorchel, getrocknet
Süßwasserkrebs
Tintenfisch
Topfen (Quark) 40%
Vogelmiere
Wachtel
Ziegen- und Schafsleber

5 Komplementär

5.1 Dekokt (Abkochung)

5.1.1 Ingwer frisch

Treibt Schweiß, reduziert Blutfett, regt an, lindert Erbrechen, fördert den Speichelfluss, stärkt das Herz, wirkt schleimlösend.
1–6 Scheiben der frischen Wurzel 3 Min. in einer Kanne Wasser ziehen lassen. 10 g in zwei Dosen auf leeren Magen trinken.
Zur Geschmacksverbesserung eignet sich brauner Rohzucker
Besonderheiten: In der TCM wird die frische Ingwerwurzel hauptsächlich gegen Fischvergiftung sowie Erkältungen von Lunge und Magen verwendet. Da Ingwer die Nährstoffaufnahme fördert, wird er häufig in unterschiedlichen Rezepturen eingesetzt, um die rasche Aufnahme anderer Kräuter zu erleichtern und deren Wirkung dadurch zu verstärken. Ingwer enthält das verdauungsfördernde Enzym Zingibain. Die verdauungsfördernde Wirkung dieses Stoffes ist stärker als die des Enzyms Papain.
In zu großen Mengen führt Ingwer zu Verstopfung. Nicht anwenden bei: Schwangerschaft, hohem Fieber.

5.1.2 Löwenzahn Wurzel

Lindert Entzündungen, steigert den Gallefluss, regt die Milchproduktion an, stärkt die Magenfunktionen, wirkt fiebersenkend und abschwellend, löst Blutgerinnsel auf, reinigt das Blut.
6-8 Pflanzen 10-14 Tage lang in zwei Dosen auf leeren Magen trinken
Dosierung: bei Leber- und Gallenbeschwerden und der damit verbundenen Anspannung, Übelkeit und Reizbarkeit eine Abkochung mit 6-8 Pflanzen 10-14 Tage lang in zwei Dosen auf leeren Magen trinken; bei geringer Milchbildung Abkochung aus 10 Pflanzen in drei Dosen auf leeren Magen trinken; bei Brusttumoren und damit verbundenen Schmerzen und Schwellungen Abkochung aus 20 Pflanzen in drei Dosen auf leeren Magen trinken. Äußerlich wirkt der Saft der frischen Pflanze als Gegengift auf Schlangenbisse.
Besonderheiten: In der TCM hat der Löwenzahn aufgrund seiner abschwellenden, entstauenden und entgiftenden Wirkung als Heilmittel eine große Bedeutung in der Behandlung von Störungen der weiblichen Geschlechtsorgane, insbesondere der Brüste, sowie bei Leberbeschwerden. Außerdem eignet sich Löwenzahn sehr gut, um nach reichlichem Alkoholgenuss den „Kater" am nächsten Morgen zu

vertreiben.

Nicht zu viel davon verwenden, da es leicht zu Diarrhö kommt.

5.2 Heilbad

5.2.1 Bad zur Entschlackung

Ein Bad zur Entschlackung (Basenbad), regt die natürliche Regeneration der Haut an und unterstützt so auch die Ausscheidung von Säuren und Stoffwechselabfällen. Je länger Sie baden, desto wirkungsvoller ist das Bad.

Entschlackungsbadezusatz in der Apotheke oder dem Drogeriemarkt erhältlich.

5.3 Kapseln

5.3.1 Holunderschwamm, Chinesische Morchel, Mu Err

Ähnlich entzündungshemmender Effekt wie Aspirin, diesem gegenüber jedoch die klaren Vorteile, weder die Blutgefäße zu beschädigen noch die Produktion der Magenschleimhaut zu hemmen. Er wirkt befeuchtend auf die Schleimhäute.

Der Mineralstoff- und Spurenelementanteil beträgt ca.5,4% des getrockneten Pilzes. Davon ist ca. ein Drittel Kalium, gefolgt von Kalzium, Natrium, Silizium, Magnesium und Phosphor. An Vitaminen ist momentan nur Vitamin B1 zu nennen. Der Pilz enthält reichlich ß-D-Glucane, Polysaccharide, Glykoproteine und Aminosäuren.

5.4 Komplementäre Anwendung

5.4.1 Ayur Veda

Ayurveda ist eine Kombination aus empirischer Naturlehre und Philosophie, welche die Ausgewogenheit des Körpers anstrebt.

Ayurveda hat einen ganzheitlichen Anspruch, da der ganze Mensch mit einbezogen wird. Es werden pflanzliche Heilmittel verabreicht, welche eingenommen oder aufgetragen werden. Dadurch werden Organe gestärkt oder eine Entgiftung/Entschlackung angeregt.

Speziell bei Krebs wird das Ungleichgewicht verschiedener Elemente beschrieben und behandelt. Die Methoden der Schulmedizin mit Chirurgie, Strahlentherapien und andere Behandlungsmethoden ähneln denen der Ayurveda in vielen Punkten.

5.4.2 Lichttherapie

Lichttherapie ist eine komplementäre und schonende Behandlung gegen saisonale Depressionen.

Heute gibt es mit der Lichttherapie, ein komplementäre und schonende Behandlung gegen saisonale Depressionen. Die meisten Patienten fühlen sich bereits nach wenigen Anwendungen wesentlich besser und ein überwältigend hoher Prozentsatz kann sogar dauerhaft vom sogenannten SAD-Syndrom (Erschöpfungssyndrom) geheilt werden. Speziell bei chronischen Erkrankungen können die positiven Wirkungen auf die Psyche stimulieren und so einen Heilerfolg unterstützen.

Eine punktuelle Lichttherapie kann bei Hautkrebs oder im Bereich von Mund und Rachentumoren eingesetzt werden. Dabei wird zunächst eine lichtempfindliche Substanz verabreicht und danach mit speziellen Lichtfrequenzen bestrahlt. Bei der Bestrahlung bilden sich aus den lichtempfindlichen Substanzen aggressive Sauerstoff Moleküle, welche die Tumorzellen direkt abtöten oder zum Verschluss von Blutgefäßen führen, wodurch ebenfalls Tumorzellen abgetötet werden. Das gesunde Gewebe in der Umgebung wird weitestgehend geschont.

5.4.3 Tuina Massage

Unterstützt den Stressabbau, ist Blockaden lösend und Immunsystem stärkend.

Anwendung nach Vereinbarung mit dem Therapeuten.

Nicht bei Tumoren, akute Verletzungen oder Ulzerationen der Haut.

5.4.4 Vitamin D Präparate

Vitamin D ist eine Vorstufe eines lebensnotwendigen Hormons und unterstützt die Regulierung des Calcium-Spiegels im Blut (gegen Osteoporose), es beeinflusst aber auch die Funktion der Muskeln.

Dosierung nach Rücksprache mit einem Ernährungsberater und nach Herstellerangaben.

Für eine ausreichende Versorgung mit Vitamin D ist eine angemessene Sonnen- oder UV-B-Bestrahlung notwendig.

Überdosierung schadet der Gesundheit.

5.4.5 Vitamin K2 Präparate

Normalisiert die Blutgerinnung. Baut Knochendichte auf.

Vitamin K2 kann die GLA-Proteine, welche für die Blutgerinnung sowie die Steuerung von Calcium verantwortlich sind aktivieren. Bei einem Mangel, kann sich das Calcium in den Knochen nicht mehr einlagern und es kommt zu Osteoporose.

5.5 Öl für Massage

5.5.1 Arnika

Arnika Massageöl fördert die Durchblutung, lockert die Muskulatur.
Innerlich eingenommen: gut gegen zerebrale Durchblutungsstörungen,
Venen und Arterienerkrankung, Traumata, Hämatome, Angina Pectoris,
Arteriosklerose, Kreislaufschwäche, Bronchitis.
Massageöl aus 10g Arnikablüten und 50g Aloe-Vera Öl ansetzen und 3
Wochen zeihen lassen (ev. in die Sonne stellen und gelegentlich
schütteln).
Arnikablüten kommt zum Einsatz bei: Gewebs- und Organschädigungen
(z.B. nach mechanischen Einwirkungen und bei Störungen der
Blutversorgung); Verletzungen wie Zerrungen, Quetschungen,
Blutergüsse. Nach dem Waschen, Baden, Duschen oder Schwimmen
sparsam in die noch feuchte Haut einmassieren. Während der
Schwangerschaft regelmäßig verwenden, um Schwangerschaftsstreifen
zu vermeiden.
Vor innerer Anwendung von Arnika ist abzuraten. Sie kann zu Übelkeit,
Erbrechen und Herzbeschwerden führen.

5.6 Speisezugabe

5.6.1 Gelbwurz (Kurkuma)

Fördert die Entleerung der Gallenwege, gut gegen Magen-
Darmbeschwerden. Antioxidativ, antiviral, antibakteriell und
entzündungshemmend.
Für eine tägliche, dauerhafte Einnahme, kann Kurkuma zu
Kartoffelpüree, Milchspeisen, Suppen oder Soßen beigemengt werden.
Wirkstoffe: äth. Öl, Bitterstoffe, Curcumin, Stärke.

Gelbwurz oder Tumeric - Hat beeindruckende Erfolge bei der
Behandlung von Karzinogenen und Mutagenen bei Labortieren erzielt.
Konzentrierter Gelbwurz zeigte ein Vermehrung der Glutathion S-
Transferase-Enzyme, die für das Leben und die Leberentgiftung von
wesentlicher Bedeutung sind.
Medizinische Anwendungen: Amenorrhoea, Blutarmut, Arthritis, Asthma,
Blutgerinnsel, Krebs, Candida, Katarrh, aufbauend, Husten, Ruhr,
Dysmenorrhöe, Ekzeme, Winde, Gallenblasen-Erkrankungen,
Gallensteine, Gastritis, Herzleiden, Hepatitis, zu hohem
Cholesterinspiegel, Verdauungsstörungen, reizbarem Darm, Gelbsucht,
Leberentgiftung, Schutz der Leber, Übelkeit, Fettleibigkeit,
Rachenkatarrh, Hautkrankheiten, einschließlich parasitischer

Hautinfektionen, Traumata, Harnwegskrankheiten, Tumore an der Gebärmutter.

Eigenschaften: Alterativ, schmerzlindernd, antibiotisch, anti-koagulant (hemmt Blutgerinnung) antifungal, entzündungshemmend, antioxidierend, antiseptisch, aromatisch, adstringierend, galletreibend, kreislaufanregend, verdauungsfördernd, den Eintritt der Monatsblutung förderndes Mittel, leberstärkend, Stimulans, unterstützt die Wundheilung.

Bei Verschluss der Gallenwege oder Gallensteinen sollte man auf Kurkuma verzichten.

5.7 Verschiedene Möglichkeiten

5.7.1 Bär-Lauch

Ihre Inhaltsstoffe, u.a. ätherische Öle und Vitamin C, werden den heilkundlich angewendet; v.a. die normalisierende Wirkung auf Darmflora und Kreislauf wird geschätzt.

Frisch oder als Pesto als Speisewürze oder Brotaufstrich.

Das Liliengewächs hat meist 2 grundständige, eiförmig bis lanzettliche Blätter mit langen Stielen. An der Spitze des 3kantigen Stängels sitzt der doldige, 5-20blütige Blütenstand. 6 freie, weiße Blütenblätter von ausgeprägt spitzer, lanzettlicher Gestalt bilden die Blütenhülle.

Brutzwiebeln im Blütenstand sind nicht vorhanden.

Bär-Lauch ist meist in größeren Beständen in Auenwäldern und anderen schattig-feuchten Mischwäldern zu finden.

Die Pflanze riecht stark nach Knoblauch.

5.7.2 Reishi

Regeneriert die Leber, wirkt entgiftend und entzündungshemmend. Gut gegen chronischer Hepatitis, Schwellungen, Rötungen und Juckreiz. Reguliert das Immunsystem, weckt und unterstützt die Selbstheilungskräfte. Verbessert die Sauerstoffsättigung des Blutes.

Als Zugabe zu Tee, Kakao oder Kaffee. Als Kapseln, Extrakt, Pulver oder ganzer Pilz.

Reishi ist reich an Mineralstoffen und Spurenelementen Magnesium, Kalium, Calcium, Eisen, Zink, Kupfer, Mangan und organisch gebundenes Germanium, welches in der Tumortherapie und für die Interferonproduktion eine große Rolle spielt. Wertvollen Polysaccharide, Glykoproteine, Proteoglykane, Triterpene, Sterole, Alkaloide und eine Vielzahl weiterer hochaktiver Wirksubstanzen.

5.7.3 Salbei Wurzel

Gut bei koronalen Durchblutungsstörungen, Nachbehandlung von Herzinfakt, Unruhe und Schlafstörungen.
Nicht in der Schwangerschaft verwenden.

6 Grundlagen der Ernährung

Die hier beschriebenen Grundlagen der Ernährung zeigen allgemeine Empfehlungen und beziehen sich nicht auf eine spezielle Therapieform. Die Empfehlungen der Therapie haben Vorrang.

6.1 Ernährung

Die regelmäßige Einnahme von Mahlzeiten in entspannter Atmosphäre. Ein wärmendes Frühstück gilt als guter Start in den Tag.
Mittags sollte die Hauptmahlzeit stattfinden - das Abendessen am frühen Abend.

Die Beachtung von Hunger- und Sättigungsgefühlen: Nicht überessen und nicht hungern, so lautet die Regel.

Die frische Zubereitung der Speisen aus naturbelassenen, regionalen Produkten. Tiefgekühlte, hitzekonservierte, industriell vorgefertigte oder mikrowellengegarte Lebensmittel werden gemieden.

Die Auswahl von Lebensmittel nach der Jahreszeit: Im Sommer mehr kühlende Nahrung, im Winter mehr wärmende Nahrung.

Mindestens zweimal am Tag Gekochtes essen. Speisen und Getränke sollen möglichst handwarm, niemals eiskalt oder heiß sein.

Rohkost, kurz gegartes Gemüse, frisch gepresste Säfte und Mineralwasser werden üblicherweise nicht empfohlen. Milch und Milchprodukte stehen nur dann auf dem Speiseplan, wenn sie problemlos vertragen werden.

Therapeutische Rezepte nicht über einen längeren Zeitraum ohne Rücksprache mit dem Arzt oder Therapeuten einnehmen.

1. Vielseitig essen
Lebensmittelvielfalt genießen. Merkmale einer ausgewogenen Ernährung sind abwechslungsreiche Auswahl, geeignete Kombination und angemessene Menge nährstoffreicher und energiearmer Lebensmittel.

(Einerseits Schutz vor Unterversorgung mit essentiellen Nährstoffen und andererseits Schutz vor einer überhöhten Zufuhr unerwünschter Inhaltsstoffe.)

2. Reichlich Getreideprodukte - und Kartoffeln

Brot, Nudeln, Reis, Getreideflocken (am besten aus Vollkorn), sowie Kartoffeln enthalten kaum Fett, aber reichlich Vitamine, Mineralstoffe, Spurenelemente sowie Ballaststoffe und sekundäre Pflanzenstoffe. Diese Lebensmittel sollten mit möglichst fettarmen Zutaten verzehrt werden.

3. Gemüse und Obst - Nimm "5" am Tag ...

5 Portionen Gemüse und Obst am Tag, möglichst frisch, nur kurz gegart, oder auch eine Portion als Saft – idealerweise zu jeder Hauptmahlzeit und auch als Zwischenmahlzeit: Damit werden reichlich Vitamine, Mineralstoffe sowie Ballaststoffe und sekundären Pflanzenstoffe (z.B. Carotinoiden, Flavonoiden) zugeführt. Das Beste, was man für die eigene Gesundheit tun kann.

4. Täglich Milch und Milchprodukte, ein- bis zweimal in der Woche

Fisch; Fleisch, Wurstwaren sowie Eier in Maßen. Diese Lebensmittel enthalten wertvolle Nährstoffe, wie z.B. Calcium in Milch, Jod, Selen und Omega-3-Fettsäuren in Seefisch. Fleisch ist wegen des hohen Beitrags an verfügbarem Eisen und an den Vitaminen B1, B6 und B12 vorteilhaft. Mengen von 300 - 600 g Fleisch und Wurst pro Woche reichen hierfür aus. Fettarme Produkte bevorzugen, vor allem bei Fleischerzeugnissen und Milchprodukten.

5. Wenig Fett und fettreiche Lebensmittel

Fett liefert lebensnotwendige (essenzielle) Fettsäuren und fetthaltige Lebensmittel enthalten auch fettlösliche Vitamine. Fett ist besonders energiereich, daher kann zu viel Nahrungsfett Übergewicht fördern, möglicherweise auch Krebs. Zu viele gesättigte Fettsäuren fördern langfristig die Entstehung von Herz-Kreislauf-Krankheiten. Pflanzliche Öle und Fette bevorzugen (z.B. Raps-, Oliven- und Sojaöl und daraus hergestellte Streichfette). Auf unsichtbares Fett achten, das in Fleischerzeugnissen, Milchprodukten, Gebäck und Süßwaren sowie in Fast-Food- und Fertigprodukten meist enthalten ist. Insgesamt 70 - 90 Gramm Fett pro Tag reichen aus.

6. Zucker und Salz in Maßen

Nur gelegentlich Zucker und Lebensmittel, bzw. Getränke verzehren, die mit verschiedenen Zuckerarten (z.B. Glucose Sirup) hergestellt wurden. Kreativ mit Kräutern und Gewürzen und wenig Salz würzen. Jodiertes

Speisesalz bevorzugen.

7. Reichlich Flüssigkeit

Wasser ist absolut lebensnotwendig. Jeden Tag rund 1-2 Liter Flüssigkeit trinken. Wasser (ohne oder mit Kohlensäure) und andere kalorienarme Getränke bevorzugen. Alkoholische Getränke sollten nicht konsumiert werden.

8. Schmackhaft und schonend zubereiten

Die jeweiligen Speisen bei möglichst niedrigen Temperaturen garen, soweit es geht kurz, mit wenig Wasser und wenig Fett - das erhält den natürlichen Geschmack, schont die Nährstoffe und verhindert die Bildung schädlicher Verbindungen.

9. Sich Zeit nehmen und das Essen genießen

Bewusstes Essen hilft, richtig zu essen. Auch das Auge isst mit. Sich beim Essen Zeit lassen. Das macht Spaß, regt an, vielseitig zuzugreifen und fördert das Sättigungsempfinden.

10. Auf das Gewicht achten und in Bewegung

Ausgewogene Ernährung, viel körperliche Bewegung und Sport (30 bis 60 Minuten pro Tag) gehören zusammen. Mit dem richtigen Körpergewicht fühlt man sich wohl und fördert die Gesundheit.

Thermik, Wirkrichtung, Verdauungskraft

Es gibt unterschiedliche Kriterien, die Wirksamkeit von Kräutern und Lebensmittel zu beurteilen. Der Einsatz der Kräuter und Zutaten basiert auf Beobachtung, was die Lebensmittel, Kräuter und Gewürze nach ihrem Verzehr im Körper bewirken. In der Medizin hat sich daraus folgendes System entwickelt: Jede Zutat oder Kraut hat eine Wirkrichtung. Außerdem gibt es noch Kräuter, die eine besondere Wirkung auf bestimmte Organe haben.

Voraussetzung für einen gesunden Stoffwechsel ist es, darauf zu achten, dass wir ausreichend Energie aus der Nahrung gewinnen und der Verdauungsprozess so wenig Energie wie möglich verbraucht. Eine bekömmliche Mahlzeit macht zufrieden und satt, verursacht keine Blähungen und keine Müdigkeit nach dem Essen. Richtiges Würzen erhöht die Bekömmlichkeit unserer Speisen. Es genügen oft schon geringe Mengen an Kräutern und Gewürzen. Sie dienen nicht dazu, uns satt zu machen, sondern helfen unseren Verdauungsorganen, die Nahrung zu verdauen.

6.2 Rezepte

Die Rezepte zeigen Ihnen welche Zutaten verwendet werden sowie mit der Kochanleitung wie diese zubereitet werden. Bei den Zutaten wird neben den Mengenangaben auch die Wichtigkeit für die Therapie angezeigt. Wenn dabei angezeigt wird "weniger als angegeben" versuchen Sie diese Empfehlung einzuhalten oder eine Alternative aus der Liste der "Empfohlenen Lebensmittel" zu finden. Meistens ist es nur eine leichte geschmackliche Änderung wenn Sie diese Zutat gänzlich weglassen.

Schonende Kochmethoden: Kochen, dämpfen, pochieren, dünsten
Scharfe Kochmethoden: Grillen, rösten, anbraten, räuchern
Ausgeglichene Kochmethoden: Frittieren, Römertopf

Auf das Einfrieren und erwärmen in der Mikrowelle sollte verzichtet werden (Denaturierung).

6.3 Lebensmittel

Lebensmittel wirken wie Heilkräuter auf Körper und Geist, nur wesentlich sanfter. Die Ernährungsberatung stützt sich hauptsächlich auf heimische Lebensmittel. Das Wissen über die Wirkungsweisen jedes einzelnen Lebensmittels und das Wissen wann welche Lebensmittel zur Anwendung kommen, entstammt der Schulmedizin. Verwende Sie möglichst Erzeugnisse aus ökologischen-biologischem Landbau.

Da wegen der besseren Verdaulichkeit grundsätzlich alles lange gekocht und kaum roh gegessen wird, ist die Verträglichkeit hervorragend.

Die Einteilung der Lebensmittel entsprechend ihrer Wirkung auf den Körper und bildet die Basis, um einen ausgewogenen und harmonischen Gesundheitszustand im Körper zu erreichen.

Grundsätzlich empfiehlt die Ernährungsberatung keine bestimmten Lebensmittel für Jedermann. Ausschlaggebend für den individuellen Speiseplan ist vor allem die persönliche Konstitution.

Kaufen Sie nur frisches und reifes Obst und Gemüse ein. Braune Stellen, welke Blätter aber auch unreifes Obst und Gemüse sollten Sie im Supermarkt zurücklassen. Greifen Sie dann zu Tiefkühlware (keine Fertiggerichte!). Tiefkühlobst und -gemüse werden kurz nach dem Ernten schockgefroren und enthalten deshalb oftmals mehr Vitamine und Mineralstoffe, als die Ware aus der Obst- und Gemüsetheke! Konserven- und Dosenware dagegen enthält wesentlich weniger Biostoffe. Zudem werden Letztere meist mit Salz, Zucker usw. angereichert. Lassen Sie die Zutaten nach dem Waschen nie im Wasser liegen, denn so gehen viele

Vitalstoffe ins Wasser über! Putzen Sie Salate, Früchte und Gemüse erst unmittelbar vor Verzehr.

Beachten Sie bitte die hygienische Verarbeitung der Lebensmittel. Waschen Sie Ihre Salate, Früchte und Gemüse gründlich. Bei Gerichten mit Fleisch bereiten Sie zuerst die Zutaten vor und verarbeiten dann die Fleischprodukte. Reinigen Sie danach die Arbeitsflächen und Werkzeuge besonders gründlich. Holzunterlagen sollten regelmäßig mit leichtem Desinfektionsmittel behandelt werden um die Keimbildung einzuschränken.

Bewahren Sie Obst und Gemüse möglichst getrennt voneinander auf. Auch geerntete Früchte und Gemüse leben und strömen z.B. Ethylengas aus, das andere Sorten schneller reifen und altern lässt. Fleisch und Fisch in der verschlossenen Verpackung lassen oder in luftdichten Boxen im Kühlschrank aufbewahren.

6.4 Kräuter

Bei der Aufbewahrung und Lagerung von Heilkräutern, müssen gewisse Grundregeln beachtet werden. Grundsätzlich müssen Heilkräuter geschützt vor direkter Sonneneinstrahlung, vor Feuchtigkeit und vor heißen Temperaturen gelagert werden.

Als Gefäße für die Lagerung von Heilkräutern können Gläser, Keramik-Behälter und zur Not auch Plastik-Dosen eingesetzt werden. Plastik ist aber ein sehr unreines Material und sollte daher wirklich nur eine kurzfristige Notlösung sein. Bei Glasbehältern ist darauf zu achten, dass dunkles Glas verwendet wird.

Heilkräuter können nicht beliebig lange aufbewahrt werden. Die Haltbarkeit von Heilkräutern ist auf jeden Fall begrenzt. Durch die Haltbarkeitsdauer kann durch sachgerechte Lagerung wesentlich erhöht werden. So soll der Lagerplatz dunkel, eher kühl und absolut trocken sein. Ein Medizinschrank aus Holz, der nicht direkt bei einer Wärmequelle platziert ist wäre ideal. Um Ihre Heilkräuter nicht wegwerfen zu müssen, kaufen Sie nicht zu große Mengen an Heilpflanzen. Beschriften Sie die Behälter mit dem Namen des Heilkrauts und dem Datum der Ernte bzw. der Verarbeitung.

7 Weitere Ernährungsvorschläge

Folgende Syndrome der Diätetik, der TCM oder als Therapieergänzung bei Krebs sind verfügbar.

DIÄTETIK

1. Ernährung des Säuglings - Beikost
2. Ernährung in der Stillzeit
3. Ernährung im Alter
4. Ernährung von Kindern und Jugendlichen
5. Ernährung von Sportlern
6. Leichte Vollkost
7. Schwangerschaft
8. Vollkost

Eiweiß und Elektrolyt – Nieren
9. (Hämo-)Dialysebehandlung
10. Akutes Nierenversagen
11. Chronische Niereninsuffizienz
12. Nephrotisches Syndrom
13. Nierensteine (Nephrolithiasis)

Gastrointestinaltrakt - Bauchspeicheldrüse
14. Akute Pankreatitis (Entzündung der Bauchspeicheldrüse)
15. Chronische Pankreatitis (Entzündung der Bauchspeicheldrüse)

Gastrointestinaltrakt - Dünndarm und Dickdarm
16. Akute Obstipation (Verstopfung)
17. Chronische Obstipation (Verstopfung)
18. Colon irritabile
19. Divertikulitis
20. Erworbene Laktoseintoleranz (Laktosemalabsorption)
21. Fruktosemalabsorption
22. Glutensensitive Enteropathie (Zöliakie)
23. Kolektomie
24. Kurzdarmsyndrom

Gastrointestinaltrakt - Leber, Gallenblase, Gallenwege
25. Akute und chronische Hepatitis (Entzündung der Leber)
26. Cholelithiasis (Gallensteine)
27. Fettleber
28. Leberzirrhose

Gastrointestinaltrakt - Magen und Zwölffingerdarm
29. Akute Gastritis
30. Chronische Gastritis
31. Magenblutung
32. Ulcus ventriculi und Ulcus duodeni
33. Zustand nach Magenoperation

Gastrointestinaltrakt - Mundhöhle und Speiseröhre
34. Mundschleimhautentzündung
35. Ösophaguskarzinom (Speiseröhrenkrebs)
36. Reflüxösophagitis (Sodbrennen)

spezielle Krankheiten
37. Phenylketonurie (PKU)
38. Rheumatische Gelenkserkrankungen

Stoffwechsel

39. Adipositas (Übergewicht)
40. Diabetes mellitus
41. Essstörungen (Untergewicht)

Fettstoffwechsel

42. Hypercholesterinämie (erhöhter Cholesterinspiegel)
43. Hepatische Enzephalopathie

Herz- und Kreislauf

44. **Arteriosklerose (Arterienverkalkung)**
45. Herzinsuffizienz
46. Hypertonie (Bluthochdruck)
47. Hyperurikämie und Gicht

veränderter Nährstoffbedarf

48. bei Fieber
49. bei malignen Erkrankungen
50. nach Verbrennungen
51. Strahlen- und Chemotherapie

KREBS

100. Bauchspeicheldrüse
101. Blasenkrebs
102. Blutkrebs (Leukämie)
103. Brustkrebs
104. Darmkrebs
105. Magenkrebs
106. Nierenkrebs
107. Speiseröhrenkrebs

TCM

200. Blase - Feuchte Hitze in der Blase
201. Blase - Feuchtigkeit und Kälte in der Blase
202. Blase - Leere und Kälte in der Blase
203. Dickdarm - äussere Kälte befällt den Dickdarm
204. Dickdarm - Feuchte Hitze im Dickdarm
205. Dickdarm - Hitze blockiert den Dickdarm II akut
206. Dickdarm - Trockenheit des Dickdarms
207. Dickdarm - Yang Mangel (Kälte)
208. Herz - Blut Mangel
209. Herz - Blut Stagnation
210. Herz - Feuer
211. Herz - Heisser Schleim verstopft die Herzporen
212. Herz - Kalter Schleim verstopft die Herzporen
213. Herz - Qi Mangel
214. Herz - Yang Mangel
215. Herz - Yin Mangel
216. Leber - aufsteigender Leber-Yang
217. Leber - Blut-Mangel
218. Leber - Blut-Stagnation
219. Leber - feuchte Hitze in Leber und Gallenblase
220. Leber - Feuer
221. Leber - Gallenblase Qi-Leere
222. Leber - Kälte im Lebermeridian
223. Leber - Qi-Stagnation

224. Leber - Wind
225. Leber - Wind mit aufsteigendem Leber Yang
226. Leber - Wind mit Blutleere
227. Leber - Wind mit extremer Hitze
228. Lunge - Qi Mangel
229. Lunge - Schleim-Feuchtigkeit in der Lunge
230. Lunge - Schleim-Hitze in der Lunge
231. Lunge - Schleim-Kälte in der Lunge
232. Lunge - Trockenheit der Lunge
233. Lunge - Wind-Hitze befällt die Lunge
234. Lunge - Wind-Kälte befällt die Lunge
235. Lunge - Yin Mangel
236. Magen - Blutstagnation
237. Magen - Feuer
238. Magen - Magenkälte mit Flüssigkeit
239. Magen - Nahrungsstagnation
240. Magen - Qi Mangel
241. Magen - rebellierendes Magen Qi
242. Magen - Yin Leere
243. Milz - Hitze und Feuchtigkeit befällt die Milz
244. Milz - Kälte und Feuchtigkeit befällt die Milz
245. Milz - Qi Mangel
246. Milz - Qi Mangel + Absinkendes MilzQi
247. Milz - Qi Mangel + Milz kontrolliert das Blut nicht
248. Milz - Yang Mangel
249. Niere - Herz und Niere kommunizieren nicht mehr
250. Niere - Jing Mangel
251. Niere - Nieren können das Qi nicht empfangen
252. Niere - Qi ist nicht fest
253. Niere - Yang Mangel
254. Niere - Yin Mangel